U0015358

想像歐盟 重新回到世界中心

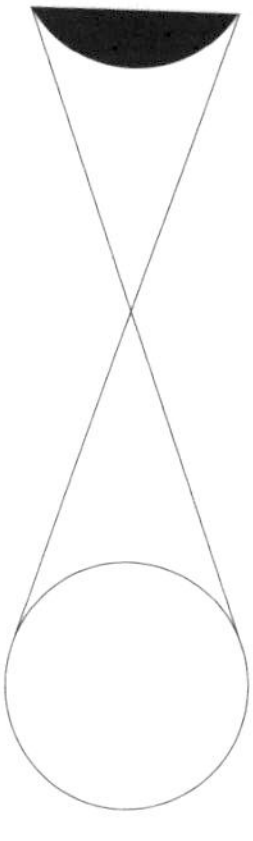

Europe
Past, Present and Future

By__Anis H. Bajrektarevic, Nora Wolf, 尹子軒
謝芷婷———譯

著作簡介

二戰破落之後，重回世界的焦點
共同體的未來，引導21世紀步向美中對立以外的可能性
各地名家為臺灣與香港人引介的歐盟教科書

學者Bajrektarevic和Wolf合著的《想像歐盟：重新回到世界中心》，簡明且全面地論述歐洲聯盟（European Union）的歷史。世界各國在經歷二戰的悲劇後，開始為了和平建立不同組織，希望能讓各國有更緊密的溝通。這些機構的代表之一，正是歐盟。書中記述了歐盟成立的起源，及不同發展的階段，仔細討論其中許多重要事

件及條約，例如近年的英國脫歐等，都對今日世界局面發展有極深遠的影響。

《想像歐盟：重新回到世界中心》不止論述歷史，兩位學者按照歐盟現況，加以客觀地評估、批判其效能及貢獻，指出歐盟作為世界政治舞台上的一個重要組織，但其角色仍未充分發揮。他們展望歐盟的未來，認為隨着人口增加，世界變大，歐盟的時代已經來臨，但同時由於日新月異的數碼發展，世界亦縮小了，為此歐盟也作好準備。現代的世界與歐洲概念形成時的世界截然不同，而歐洲正在迎接此項挑戰。

本書的著述的另一特色，在於目前主流想像經常將歐盟的構造描繪成晦澀難懂的組織，但偏偏又在國際事務的辯論中又無處不在。

因此，《想像歐盟：重新回到世界中心》是一部理解歐盟的重要讀物，揭開了這個超國家機構的技術官僚面紗，通俗易懂地講解一些相關的實質內容，讓華文地區的讀者能夠更加理解此一影響國際關係發展的重要組織。

作者簡介

Anis H. Bajrektarevic

奧地利 IMC 大學亞洲戰略研究系國際法和全球政治研究教授兼系主任，奧地利維也納國際法和全球政治研究系主任和教授，也是日內瓦大學（瑞士）的客座教授。他撰寫了七本書（美國和歐洲出版商出版）

和許多文章，主要涉及地緣政治、能源和技術；此外，他還在四大洲講授國際公法、國際組織和歐盟法、可持續發展和政治制度（國家和法律理論）等課程，授課時間超過五千小時。

Nora Wolf

瑞士日內瓦大學國際法和歐洲法碩士。年輕的知識份子，積極在法律、經濟和國際關係等相互關聯的領域不斷拓展知識。

尹子軒

香港《The Glocal 全球政經評論》前合夥人兼副總編輯，前香港國際問題研究所歐洲研究主任，現為顧問公司 Orientis 共同創辦人。英國倫敦政經學院（LSE）歐洲研究院（European Institute）歐盟政治碩士，文章散見於各新聞媒體，並為香港電台節目主持人及製作人。

CONTENT

目錄

圖表列表 008
序／J. S. Younger 010
作者序 013
引言 014
中英對譯 017

第一章・歐洲聯盟的歷史 020
第二章・歐洲聯盟的機構 070
第三章・經濟貨幣同盟 106
第四章・歐洲聯盟擴大 134
第五章・歐洲聯盟的現代發展 158
第六章・歐洲聯盟的前景 180
結論 203
參考文獻 210
附錄 217

圖表列表

圖一　一九四四年的歐洲，第二次世界大戰結束
圖二　歐洲煤鋼共同體
圖三　歐洲聯盟的三大支柱
圖四　歐洲聯盟的法理基礎
圖五　歐洲聯盟的機構
圖六　歐洲聯盟與歐洲理事會的比較
圖七　通往經濟貨幣同盟的三個階段
圖八　歐洲中央銀行的組織架構
圖九　歐元體系

圖十　歐洲一體化及入盟的歷史
圖十一　歐盟東擴
圖十二　《里斯本條約》的批准
圖十三　歐洲鄰近地區地圖
圖十四　歐洲理事會（詳細）
圖十五　歐洲經濟區及歐盟成員國
圖十六　十七世紀西伐利亞的歐洲
圖十七　拿破崙時期的歐洲
圖十八　維也納會議，十九世紀的歐洲
圖十九　一九四〇年第二次世界大戰開始時的歐洲
圖二十　一九四五年的歐洲地區

序

Bajrektarevic 和 Wolf 這部合時的作品對歐洲聯盟作出全面的概述。文中首先簡要討論到國際聯盟（League of Nations）的概念在第一次世界大戰後誕生卻沒有進一步行動。經歷了另一場世界的戰火、發明了真正可怕的武器後，世界才作出決定，他們的確需要一個機構，可以讓各國聚首，並在戰略層面討論有關和平與和諧的超國家重要議題——聯合國。歐洲是數個世紀以來的主要戰場，尤其是在一戰和二戰時，國與國對立，而本著合作的精神歐洲理應可找到和平。這便由一九五〇年代的歐洲煤鋼共同體（European Coal and Steel Community）開始，初時涉及的只是打仗打了幾個世紀法國和德國。隨著荷蘭、比利時和盧森堡（下稱荷比盧）加入，國家集團的基礎擴大，並萌生更多遠大的想法。

之後便是歐盟的早期歷史起源。文中對歐盟的機構、歐洲議會，以及不同的立法機關和貨幣聯盟作出簡明的描述。在過去三十年的擴大中，許多以前在蘇聯統治下的東歐國家均加入了歐盟，看到此等國家繁榮昌盛確是令人感到高興。然而，歐盟最近不得不處理英國脫歐的問題，英國的退出程序，以及許多對雙方造成影響的複雜情況。概述的最後是對未來的展望，以及歐盟希望能夠擔當的角色，即一個具領導地位並以人文價值為核心的重要集團。隨著人口增加，世界變大，歐盟的時代已經來臨，但同時由於日新月異的數碼發展，世界也縮小了，為此歐盟也作好準備。現代的世界與歐洲概念形成時的世界截然不同，而歐洲正在迎接此項挑戰。

兩位作者編寫了這部非常有用和易讀的歐洲聯盟簡明敘述，謹此致賀。

J.S. Younger 教授，OBE

作者序

本書旨在概述歐洲聯盟的歷史。下文將由二戰後歐洲重新出現共同願景開始，闡述所有對歐洲聯盟時至今日的發展歷程，依然有深遠影響的重要事件和條約，並且充分參考了歐盟目前的情況（批判但公平和客觀地評估）。儘管歐洲聯盟在形式和實際上均為改善歐洲公民的生活條件作出相當大的貢獻，並被普遍接納為世界政治舞台上的一個重要角色，但其角色仍未充分發揮。

引言

歐洲聯盟（European Union）——最偉大的生活方式（il grande modus vivendi）——作為二十世紀全面區域一體化的成功典範，現時卻走到一個交叉點，要為其未來發展和持續性作出重要決定。

在第二次世界大戰後，由於舊大陸發現自己處於軍事衝突的頹垣之中（三十年間的第二次），歐洲共同體（European Community）的精神因而形成。不論是否必要，但在過去幾十年，即使存有疑慮和巨大的難關，在社會、文化、經濟、行政及政治方面還是建立了一個健全的跨國界合作框架。然而，為了完全符合使命，即作為鞏固（當時）自我邊緣化和自我毀滅的大陸上各國共同利益的榜樣，歐盟的一體化進程除了進一步擴大之外，的確是別無他選。

主流的集體想像經常將歐盟的構造描繪成晦澀難懂，但在成員國的內政辯論中，卻又無處不在。本書旨在出一分力，揭開這個具標誌性的超國家機構的技術官僚面紗，並通俗易懂地講解一些相關的實質內容。為數億人服務及管理共同利益正是歐洲聯盟的使命，不論何時，令選民都明白歐盟的起源和主要組成部分才是恰當。我們希望，下文能向那些也許仍未知如何走進歐盟世界的歐洲公民，或外間觀察員提供方便有效的入口，從而理所當然地讓所有人都能掌握此世界命運。

本讀物並非要表明立場，也非要提供理據，說明被稱為歐洲聯盟的該一機構應免受批判和質詢。相反，作者希望可以傳達現實生活例子的一種概念、一種理解，一種跨國家合作的精髓。因此，客觀來說，學習此例子，並從此例子中學習，以便為盡可能多的行為者（actor）提供機會，推動就目前或未來全球多邊合作的可能性進行討論（在此被理解為團結一致，一起實現共同目標的方式），是有價值的。

想要了解歐洲聯盟的情況和重要發展，對其歷史和核心決策機關進行適當的考察是至關重要的。因此，第一章節旨在概述歐洲一體化的進程，隨後將重點放在導致歐洲聯盟成立的關鍵事件，以及我們今日所知的歐盟體制架構（包括其主要機關和機構）上。

中英對譯

CAP	Common Agricultural Policy	共同農業政策
CFI	Court of First Instance of the European Communities	歐洲各大共同體原訟法院
CFSP	Common Foreign and Security Policy	共同外交與安全政策
CoG	Committee of Governors	行長委員會
COREPER	Committee of Permanent Representatives	常駐代表委員會
ECJ	European Court of Justice	歐洲法院
ECSC	European Coal and Steel Community	歐洲煤鋼共同體
ECU	European Currency Unit	歐洲貨幣單位
EEC	European Economic Community	歐洲經濟共同體
EFTA	European Free Trade Association	歐洲自由貿易協會
EIB	European Investment Bank	歐洲投資銀行
EMI	European Monetary Institute	歐洲貨幣機構
EMS	European Monetary System	歐洲貨幣體系
ENP	European Neighbourhood Policy	歐洲睦鄰政策
ERM	Exchange Rate Mechanism	匯率機制
ESCB	European System of Central Banks	歐洲中央銀行體系
ESDP	European Security and Defence Policy	歐洲安全與國防政策
EURATOM	European Atomic Energy Community	歐洲原子能共同體
NATO	North Atlantic Treaty Organization	北大西洋公約組織（北約）
NCB	National Central Bank	國家中央銀行
TCE	Treaty establishing a Constitution for Europe	歐盟憲法條約
TEU	Treaty on European Union	歐洲聯盟條約
UN	United Nations	聯合國
WWI	World War I	第一次世界大戰（一戰）
WWII	World War II	第二次世界大戰（二戰）

第一章

歐洲聯盟的歷史

第二次世界大戰後，歐洲滿目瘡痍，當時大眾對衝突、孤立、進一步邊緣化和毀滅的恐懼廣泛傳開，這正成為謀求歐洲團結的動力。歐洲各國的經濟經已崩潰，基本建設也被摧毀。歐洲需要從根本重新開始。各國邊界被大幅度重新劃分：以色列建國，德國分裂。此外，第二次世界大戰後促成了各種國際組織的成立，特別是聯合國（United Nations），我們已無法想像現今的國際舞台上並沒有聯合國。

對被認為是最初推動成立現今被稱為「歐洲聯盟」的法國人莫內（Jean Monnet）而言，新起義的歐洲運動的不明確目標似乎是一種力量，而非一個弱點。的確，對可被形容為一體化之父的莫內而言，沒有清晰的計劃意味著有及時適應和發展的空間。逐漸的改變推進了歐洲一體化的發展，而每一個額外的機構和工具進一步深層發展一體化。早在一九四〇年代後期至一九五〇年代初，荷比盧三國已經意識到國家間需要一個統一模式的事實；德國（西德）和意大利兩國都在謀求從被蔑視的地位復原，特別是尋找擺脫同盟國市場限制的可能；還有急於進入德國市場的法國，大家都已準備就緒，以促進和積極推動歐洲地緣政治事務改變。

1.1 聯合歐洲的概念

歐洲的決策者重新思考一個方法，以全力實現一個主要目的：確保長期和平。這種合作的強烈慾望是由「再也不要」的情緒推動，而非牽引，而且對另一次軍事衝突及對蘇聯永久軍事駐紮的恐懼，也肯定激起了這種慾望（因蘇聯在歐洲或其他地方在某程度上強烈提倡「共產主義的成果不可逆轉」的學說）。此外，還有對核災難的懼怕，因這個世界已見識過原子彈的威力。

的確，二戰的尾聲是由數個關鍵的變革動力所決定，而對於具體和平建設和合作性基建的全體動員也是由這些動力所致，修補了大西洋和中歐的關係，並且發生在主要雙方均失去重要殖民地之後的德法和解，是這次聚集的主要一環。事實上，為彌補領土削弱而建立一個更緊密關係的共同想法，已為歐洲大陸的一體化選項開啟了大門。兩個共和國於一九六一年簽訂的《愛麗舍條約》（Elysée Treaty）就是最好的例子。此外，俄羅斯失去地緣政治的重要性和南斯拉夫聯邦主義的模式進一步啟發和促成一體化的慾望，以及歐洲

【圖一】一九四四年的歐洲，第二次世界大戰結束

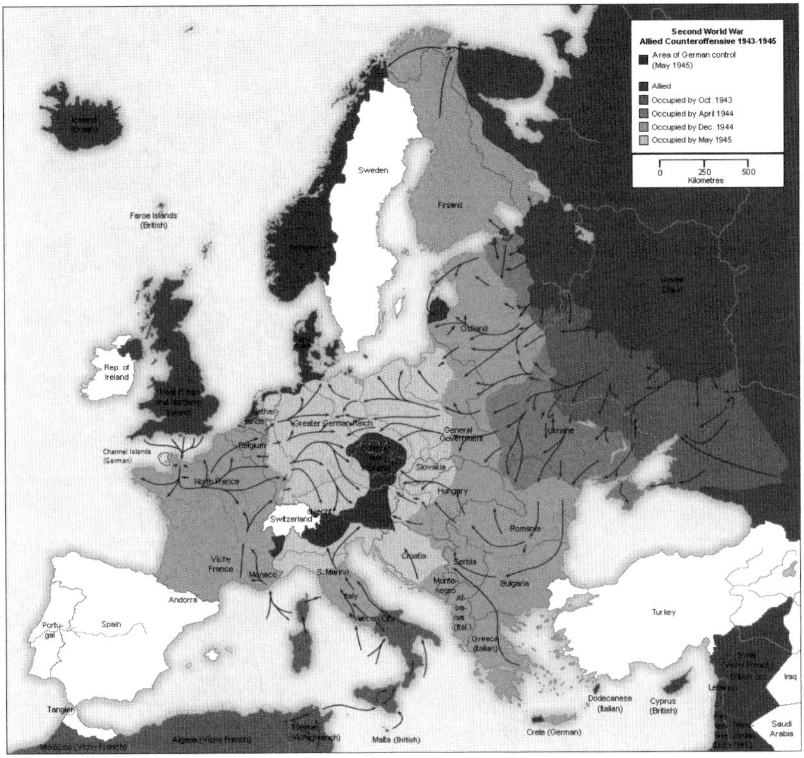

資料來源：Second_world_war_europe_1943-1945_map_de.png (San Jose, 17. April 2005)derivative work: Jarry1250, CC BY-SA 3.0 <http://creativecommons.org/licenses/by-sa/3.0/>, via Wikimedia Commons

聯邦主義的新理念。

因此，這集體態度讓解決衝突的方法百花齊放，使新合作形式的構思出現。然而，歐洲大陸對於如何以最佳方式實現歐洲一體化欠缺共識。這核心的兩難局面可具體分為四個概念、四組可能的模式，而這些模式則決定了大部分二戰後的一體化過程。[1]

（一）聯邦主義方式

這代表了最深層次的一體化方式，而歐盟的超國家機構FORA[2]便是一個例證。一個國家的主權在很大程度上必須屈服於這種（即將成立的）超國家機構。另外，中央主管機構將不同的組成部分、地區，或在此情況下的國家結成聯邦，同時直接管治所有包括在內的公民。在這意義上來說，儘管組成單位（國家）在某些方面仍保留著各自的自治權，但它們均構成和屬於這超國家的主管機構。[3] 然而，聯邦主義方式因一些（共同或「本土」的）[4] 內在和外在的原因，而沒有在第二次世界大戰後得勢。那些原因包括各國對權力集中和失去各自權力的恐懼，以及將聯邦主義的概念視為一個理想框架，而非規範和憲法框架等。[5]

1 Jones, 1996, 9.

2 歐洲食品風險評估（European Food Risk Assessment, FORA）是一項新措施，旨在加強各歐洲食品安全機構（European Food Safety Organisations）的合作，從而在歐洲食品安全局（EFSA）上級機構監督下協調食品風險評估的實踐。

3 K.E. Jorgensen et al., 2007, 303-305.

4 僅限於個別成員國。

5 F.O. Reho, 2015, 85-87.

（二）政府之間合作方式

大部分歐洲國家都認為政府間合作是可取的。其主張是，歐洲一體化是以佔有相同比重的國家利益和國家間談判為準則（即遵從「市場規則」）。[6]因此，對始創成員國和其後加入的成員國而言，此乃最普遍和最持久的做法。遵循各國平等原則的各主權政府在經濟、政治和其他相關領域進行合作，並視乎每個成員國就共同決定（須達成共識）而採用選擇退出條款（opt-out clause）的頻率，具有不同程度的輔助性授權。

（三）功能主義方式

這個方式的重點是以一體化為一個流程，所以會根據自身的內在變革動力隨時間逐步發展為前提。此外，決策是由不同的理性和自利的行為者，隨時間和根據經驗調整偏好和行為，以合作的方式進行。[7] 在最初成立的幾年間，將各國的努力匯集到一個特別的行動領域是達成共識的主要途徑。此乃創立歐洲聯盟的最初意識形態，因為其主要的體制前身，即歐洲煤鋼共同體（European Coal and Steel Community）乃是在功能主義方式的基礎上偶然建立的。

（四）社會主義一體化

意識形態安全和外部安全的臨近或聚力一旦得到解決，共產主義

6 J. Bergmann and A. Niemann, 2015, 173-175.
7 Ibid., 171-173.

國家之間也會有一種主要涉及經濟合作的地區形式一體化。為保證資源是按權威分配而非由市場導向，社會主義方式會因為擔心國家福利受到削弱，而傾向對國際一體化抱持某程度的懷疑。[8]因此，該體系會自然達到社會主義的國際分工原則，而以蘇聯為首的東歐國家聯盟「經互會」（COMECON）則是當中較弱的例子。經互會在歐洲一直發揮著平衡貿易和商業封鎖的作用，直至華沙軍事區解散。

如上文所述，體制的基礎是通過應用功能主義方式奠定的。多虧被銘記為歐洲一體化主要創立者之一的法國高官莫內，第一個以超國家主義原則為基礎的機構，即歐洲煤鋼共同體於一九五〇年代初經已成立。至於導致主要行為者轉向功能主義而非其他關鍵模式的其他原因，當中值得指出的是，各政府黨派在左右政治光譜中的立場，乃影響一體化取向的一個相關獨立變數。[9]

1.2 啟示（一九四五至一九四九）及合作早期（一九五〇至一九五九）

被毀、自我邊緣化、孤立、受挫、外界憎恨、內部淪陷分裂，這些都可以用來描繪一九四〇年代第二個時期的歐洲。要講述有關二戰後歐洲復興的故事，便不得不提跨大西洋的一節：美國國務卿馬歇爾（George Marshall，杜魯門總統政府）掌握重建歐洲經濟的

8 M. Aspinwall, 2002, 86-87.

9 Ibid., 82-83.

計劃，因此與當時拒絕共產主義，並支持類似自由市場民主形式的西歐國家建立更鞏固的聯盟。此計劃被稱為馬歇爾計劃，是為當時被美國人視為歐洲盟友的國家、民主政權和其他所有非隸屬於蘇聯的國家而設。此計劃與北約（NATO）的安全結構建立獲證明是戰後歐洲的重要穩定劑，同時也肯定有助美國實現在歐洲提升（經濟、軍事和意識形態政治方面）存在感的目標。現今，從一個安全的歷史距離，我們可以肯定地說，此計劃對歐洲各國和美國議程而言，都被視為雙贏方案。此外，它恢復了大眾對歐洲的信心，無疑讓歐洲大陸再次變成即將備受重視的實體。

二戰後的法國總統戴高樂（Charles de Gaulle）指示莫內謀劃國家的經濟復甦。莫內的考慮和抱負遠超國界，最終提出了成為歐洲聯盟體制基礎的建議，即在一九五一年成立的歐洲煤鋼共同體。莫內藉歐洲煤鋼共同體推行一個聯合監管（特別是德國和法國的）煤鋼業的制度；兩個行業不但對國內經濟非常重要，對外部安全（戰略和軍事）亦然。此外，歐洲煤鋼共同體的功能是為廢除跨境貿易壁壘，因此牽涉到設立跨國家機構，作為資訊交換／交流所和控制機制。早在一九五〇年五月，法國外交部長舒曼（Robert Schuman）已向願意下放行業權力予一個跨國家獨立機構的西歐國家，提出莫內有關煤鋼共同市場的想法。法國在這項倡議背後的主要動力，源自其對彌補自身經濟衰退、監察德國國防工業相關的經濟活動，以及防止德法在互相破壞兩個世紀後再次發生軍事對壘的渴望。

所謂的「舒曼宣言」（Schuman declaration）提議根據法國和西德的協議，將煤和鋼鐵的生產置於一個共同的超國家高級官署（High Authority；即現時的歐洲執委會，European Commission）之下，同時接受其他歐洲國家加入。荷比盧三國及意大利共和國迅速表示有興趣加入。然而，英國因強烈反對超國家主義的原理（仍然頑固地奉行其長久以來的「光榮孤立」政策），所以並未尋求加入。因此，英國當時遠離了歐洲大陸的事務。

不久，歐洲煤鋼共同體便於一九五一年四月根據《巴黎條約》（Treaty of Paris）成立。隨著歐洲煤鋼共同體成為首批取代，或更確切來說轉移了部分現有國家主權的組織，莫內的歐洲聯合概念因而得以實現。莫內獲委任為歐洲煤鋼共同體的首任主席，而歐洲煤鋼共同體於一九五二年正式開始運作，其目標為先放寬鐵、煤及鋼的貿易壁壘，其後再將之完全廢除。歐洲煤鋼共同體（與其高級官署）遠不只是單一機構的創立。不久，部長理事會（Council of Ministers）、歐洲大會（European Assembly；其後為議會，Parliament）及法院（Court

【圖二】歐洲煤鋼共同體

資料來源：https://en.wikipedia.org/wiki/European_Coal_and_Steel_Community

of Justice）便相繼成立。按莫內的計劃，這些獨立機構應當保證自由競爭、消除歧視做法、打擊同業聯盟的建立和確保消費者平等獲得供應。歐洲一體化的進程就此展開，而「六個創辦國」（法國、德國、意大利和荷比盧三國）則根據舒曼「藍圖」的原則進行大量談判。

歐洲煤鋼共同體變身為成功故事後，迅速成為歐洲內生產及貿易增長率的一個重要因素。鑑於此正面的發展，創辦國嘗試擴大合作範圍，將合作擴展至其他行業，以至整個經濟。然而，當歐洲共同體（European Community）嘗試就共同防禦戰略（包括西德重整軍備的可能）尋求共識時，問題便在政治（及安全）層面出現。顯然，西歐沒有美國的支持便無法抵禦蘇聯的攻擊。因此，在與歐洲煤鋼共同體類似的基礎上，「六國」在一九五二年簽署了（有限範圍的）《歐洲防務共同體條約》（European Defence Community

Treaty）。可是，相關計劃從未落實，而歐洲防務共同體的想法最終於一九五四年遭法國議會拒絕批准後擱置。

是次拒絕後，莫內辭去歐洲煤鋼共同體高級官署的主席職務。儘管如此，歐洲仍然渴望及決心參與重建各國經濟，擴大合作至其他行業範疇。可是，哪方面是最適合蓬勃發展呢？為向共同體注入新活力，兩項不同的措施因而制定：開放邊界以刺激國際貿易，以及在核能生產方面促進互動。

這兩個新層面乃由比利時的外交部長斯巴克（Paul-Henri Spaak）於一九五五年在墨西拿會議（Messina Conference）提出。由斯巴克委員會準備的報告為此等事項進一步發展提供依據，於一九五六年在威尼斯會議（Venice Conference）獲接納，從而促成了成員國於一九五七年簽署《羅馬條約》（Treaties of Rome），成立歐洲經濟共同體（European Economic Community）和歐洲原子能共同體（European Atomic Energy Community）。是次批准無疑是歐洲一體化歷史上的一個轉捩點，明顯增強了此國家集團的實力。[10]

在歐洲煤鋼共同體出現後不到五年，以及歐洲防務共同體成立失敗後不到三年，歐洲一體化的進程再朝向歐洲人民之間的更緊密聯盟邁進一步。與此同時，由於《羅馬條約》不受時間所限，因此其所涉及的範圍和影響將為一個長久而堅定的發展定下基調。至於歐洲經濟共同體和歐洲原子能共同體，其體制架構與歐洲煤鋼共同體的頗為相似，主要的分別就在於《羅馬條約》仍然規定了更深層次的一體化。

建立了歐洲經濟共同體的條約實現了一個以關稅同盟為特徵的

共同市場，而關稅同盟的基礎則是歐洲共同體的最基本原則：四項自由。在此所指的是貨物、人、服務和資金的流動自由。[11] 因此，平衡經濟增長的需求應通過下列措施來實現：

- 取消「六國」間的關稅和配額
- 實施共同對外關稅
- 在主要行業（農業、運輸、貿易）制定共同政策
- 將歐洲經濟共同體擴大至歐洲其他部分

---

10 Holland, 1993, 29.

11 四項自由載於《歐洲聯盟條約》（Treaty on European Union）第三條，並起源於一九八六年的《歐洲單一法案》（Single European Act），後者是《羅馬條約》的首次重大修訂。

與此同時，歐洲原子能共同體透過建立核能市場來保護能源的重要性。各國在此領域的利益差異很大，磋商因此變得漫長而困難。歐洲原子能共同體計劃作為建立信心的主要方法，曾有一段時間是議程上的重點，而在一九五六年發生的蘇彝士運河事件（Suez incident）則將此計劃重啟，當中提出了歐洲有必要在能源方面確保自主權。在二戰慘敗後，監管及共同監測原子能的使用顯然不僅是一個建議，而是至關重要。最重要的共同目標就是防止主要由中東進口的石油被利用和成為地緣政治舞台上的施壓手段。的確，鑑於「六國」僅負責世界能源生產的一小部分，此威脅迫在眉睫。因此，專家建議建造核電廠，以彌補國家集團在能源生產方面的劣勢。煤和石油應逐漸被替代能源取代，以便保持歐洲在全球的威信和自主。在這些都實現後，成員國恢復磋商，最終於一九五七年三月二十五日，在羅馬正式簽署《歐洲原子能共同體條約》（Euratom Treaty）。

一九五八年，歐洲經濟共同體的非成員國擔心被留在歐洲一體化的邊緣，因此歐洲經濟共同體與非成員國重新進行磋商，旨在建立自由貿易區訂立協議。然而，磋商陷入了僵局。有見及此，歐洲經濟共同體的非成員國要求訂立自己的公約，直接促使歐洲自由貿易協會（European Free Trade Association）的誕生。歐洲自由貿易協會的成員國，即奧地利、丹麥、挪威、葡萄牙、瑞典、瑞士和英國於一九六〇年創立這總部位於日內瓦的協會。歐洲自由貿易協會的成員國從未表達任何與歐洲經濟共同體競爭的意圖，反而是追求完全平行的經濟目標，在嚴格的政府間基礎上運作。此外，歐洲自由貿易協會從未參與任何形式的經濟一體化，即此協會從未將參與國置於超國家機構的管轄之下，也沒有設立共同對外海關關稅。目前，只有冰島、列支敦士登、挪威和瑞士仍然是歐洲自由貿易協會的成員國（其中僅得挪威和瑞士是創會成員國）。

1.3 成功、危機和復甦（一九六〇至一九六九）

從二戰後直到一九六〇年代初期，共同體經歷了相對缺乏成果的時期。儘管一體化工作已經在《羅馬條約》中計劃好，但在過去二十年卻未見成果。在法國，戴高樂總統相當反對超國家主義的想法，進一步令一體化工作停滯不前。

從歐洲一體化主義者的角度來說，事情其後更是每下愈況。在一九六〇年代初期，美國和蘇聯陣營的緊張局勢升溫，兩個超級大國因此爆發地緣政治及意識形態衝突。由於雙方在舊大陸內外都使用代理，歐洲最終成為這些大型衝突的主要舞台，而柏林更在一九六一年被一道實體牆分成東西兩部分。

一九六二年，轉為關注食品安全的歐洲共同體展開農業方面的工作。共同農業政策（Common Agricultural Policy）開始實施。此政策是目前歐盟歷史最悠久的政策，藉統一的政策讓成員國互相控制食品生產。政策框架包括三個主要的範疇：（1）對農民的直接支持、（2）限制價格波動的市場措施，以及（3）現代化、改善和保障共同體的農村發展措施。整個共同體的農民都就農產品而獲支付相同的價格，這也保障了他們的生計。事實上，二戰後的經濟特徵便是糧食的生產量較低、較難獲得糧食和農務政策不協調，導致競爭規則不平等。

是次成功之後，共同體又經歷另一次挫折，這可歸因於戴高樂的頑固態度和接連於一九六三年和一九六七年否決了英國的加入申請。為打破這「六十年代的僵局」，共同體此時似乎不得不等待戴高樂離任，因為他對歐洲發展的看法與莫內的所思所想正正相反。因此，法國的立場（轉變），特別是有關擴大共同體方面，對共同體內的關係產生不利的影響。戴高樂的願景與共同體夥伴的願景之間的矛盾也越發明顯。未能做出有效的決策，似乎有損歐洲的未來。戴高樂於一九六九年突然離開政治舞台。從先前的情況來看，這自然會改善在有關共同體發展的重要議題上達成共識的機會，特別是在英國加入方面。

龐畢度（Georges Pompidou）接替戴高樂成為法國總統，共同體因而能夠於一九六九的海牙高峰會（Hague summit）通過數個重要議題，特別是共同體獲批預算、議會的權力擴大、外交部長被要求計劃更深層次的一體化，以及開始進行加入共同體的談判。

於一九六五年，《合併條約》（Merger Treaty）將歐洲煤鋼共同體、歐洲經濟共同體和歐洲原子能共同體的執行機關合併為單一體制架構。歐洲各大共同體，或多被稱為該歐洲共同體在簽訂條約後於一九六七年成立。從法律的角度，各共同體在整合體制架構的同時，仍然保持自治。此條約有時會被描述為標誌著現代歐洲聯盟的「真正開始」。

1.4 發展中的共同體（一九七〇至一九七九）

在七十年代，共同體最重要的發展無疑是其擴大的進程。在這進程最前線的英國、丹麥、愛爾蘭和挪威均於一九七〇年開始申請加入。最具爭議的議題是關於與英國人的雙邊討論，但龐畢度設法通過多輪談判，讓他們成功加入共同體。最後，上述四個國家均於一九七二年簽署《加入條約》（Accession Treaties），並由一九七三年開始成為成員國。然而，在挪威的公投中，反對加入的票佔些微多數。[12] 有鑑於此，挪威選擇不加入共同體，因此仍然是歐洲自由貿易協會一員。經過兩次嘗試失敗後，共同體最終由六個國家變為九個國家。

一九七四年一月，歷任英國首相中最親共同體的希思（Edward Heath）丟失相位，英國作為會員國的困境再次升溫。此外，法國和西德於一九七四年均更換了政府首長，也就是說，由希思、勃蘭特（Brandt）和龐畢度組成的權力三人組讓位予威爾遜（Wilson）、施密特（Schmidt）和季斯卡（Giscard d'Estaing）組成的新組合。雖然歐洲高峰會（European Council）的原則經已形成，但首次會面卻在前三人組均離任後才舉行。在第一次會議上，高峰會保證加強決策過程和促進超國家主義進程的深層發展。

---

12 「反對」的選民以百分之五十三點五的票數獲勝。

一九七二年，共同體內首次出現制定共同貨幣政策的動向。為維持貨幣穩定，共同體成員國決定盡可能減低和限制貨幣匯率的波動。換句話說，貨幣只可在嚴格規定的範圍內相互變動。此機制可被視為設立共同貨幣的第一步。在一九七九年，此系統被歐洲貨幣體系（European Monetary System）和歐洲匯率機制（European Exchange Rate Mechanism）所取代。歐洲貨幣體系有兩個基本目標：建立歐洲貨幣穩定區和推動各國經濟政策趨向一致，以促進共同體內部的穩定（Hackett, 1990 p. 135）。

同年，有成員國提議進行體制改革，以加強和實現歐洲議會（European Parliament）的民主職責。為「加強整個歐洲機構制度的民主合法性」（reinforce the democratic legitimacy of the whole European institutional apparatus），歐洲議會首次由直選產生（Holland,

1993, p. 29）。

在七十年代，歐洲人開始考慮建立一個更統一的歐洲聯盟，惟在國防政策和外交政策等方面，尋求一致性仍言之過早。共同體將逐步謀求一體化。順帶一提，上一段提及歐洲機構的民主化步驟是一個形象化的例子，用以說明共同體如何逐漸發展成聯盟。此項改革在推行時如何不受歐洲人歡迎的事實，在現階段應先暫擱一旁。事實上，有更多政府之間的合作，其後在八十年代出現，成為實際趨勢，同時卻欠缺一個具體的藍圖，去說明如何進行一體化和會達到何種結果。專家發現，他們無法預計通往歐洲聯盟的路程需時多久。更重要的是，戴卓爾夫人（Mrs Thatcher）當選英國首相對這些混亂的預測更為有利。

1.5 歐洲改頭換面（一九八〇至一九八九）

英國在一九八〇年代初收到一連串的退款，退出的想法最終被認為是難以想像。「戴卓爾代表著戴高樂傳統的再生；（⋯）」（Thatcher represented the reincarnation of the Gaullist tradition; (⋯)）（Holland, 1993, p. 45）。英國的申索和不情願均圍繞在成員國對共同體的財務貢獻和《共同農業政策》上。在這方面，戴卓爾就永久改革遊說成功。

雖然英國再次引起爭議，但在進一步一體化方面卻取得進展：希臘於一九七四年推翻軍事政權並恢復民主後，於一九八一年加入歐洲共同體。於一九八六年，西班牙和葡萄牙也成為歐共體的成員國，這被認為是為歐洲地中海地區加強了政治穩定程度和改善了經濟。於一九八七年，土耳其正式申請加入共同體，並展開了有史以來歷時最長的加入談判，至今（二〇二三）仍未結束。

另一項重要發展發生在一九八七年。《歐洲單一法案》（Single European Act）生效代表著作為基礎的《羅馬條約》自訂立以來第一次進行主要修訂。此法案是在最近的石油危機，以及在國際貿易上的競爭壓力，因美國開放而上升的背景下問世。對歐洲各國政府來說，這確實表明了需在政治和經濟層面努力趨向一致；《歐洲單一法案》故此為這些決定性的和睦關係訂立時間表。首先，它計劃在一九九三年之前建立單一市場（Single Market），這帶來了世界最大的貿易區，而目標則是消除各國之間餘下的貿易壁壘。因此，《歐洲單一法案》為成員國建立了歐洲第一個讓貨物、資金、勞動力和服務自由流動的空間。第二，在同一方面，為設立單一歐洲貨幣作出規定。政治方面，《歐洲單一法案》為歐洲機構的任務帶來重大改變。就歐洲議會而言，其角色至目前為止僅限於諮詢，但《歐洲單一法案》擴大了議會的職能，其中包括對新成員國加入及與其他國家締結夥伴關係的否決權，也為議會成員建立一個直接選舉模式。至於歐洲高峰會則獲得職權，使其主席便是「該」歐盟主席這現代概念形成。

建立單一市場被認為是德洛爾委員會（Delors Commission）中眾多成功例子之一，這一個時期通常被視為歐洲聯盟史上其中一個最多產的時期。

在一九八七年也推行了伊拉斯謨（Erasmus）計劃，旨在支持和鼓勵歐洲聯盟內大學學生和教師的學術流動。已有約二百萬個學生善用此項措施到國外進行最多一年的交流。此計劃擴闊年輕人的眼界，也是文化交流的機會，受到廣泛認可。鑑於這在戰後時期幾乎是無法想像，這也象徵著歐洲共同體已走過漫長的路。[13]

在一九八九年，東歐的騷亂動盪引發柏林圍牆倒塌，鐵幕被推倒也成為必然的結果。德國在超過四十年後再度統一。東德在一九九〇年加入了共同體，開啟了擴大共同體至前東歐陣營的大門。儘管如此，此等國家在發展政治民主及自由經濟方面需要協助。共同體迅速

13 如今，伊拉斯謨計劃的夥伴國家遍佈全球。

為經濟重組和私人投資提供財政援助，以及提供擔保和出口信貸。

1.6 歐洲一體化（一九九三至二〇〇四）

《馬斯垂克條約》（Maastricht Treaty；正式稱為《歐洲聯盟條約》，The Treaty of the European Union）[14]建立了歐洲聯盟，藉開拓政治一體化的道路，在持續的歐洲一體化進程中展現了一個新階段，而歐洲的歷史也不再被稱為歐洲共同體。雖然先前的峰會已為此條約奠下基礎，但此條約最終於一九九二年簽訂，於一九九三年生效時達到頂峰。《歐盟條約》建立了歐洲聯盟，並引入歐元。《馬斯垂克條約》的文本是歐盟內一個的重要里程碑，也是歐洲一體化的顯著進步，為未來單一貨幣，以及外交和安全政策制定明確的標準，並在司法及內政事務方面建立更緊密的合作關係。《歐盟條約》以協調的方式制訂有關庇護、移民、毒品和恐怖主義的政策，作為補充。

《馬斯垂克條約》根據三大支柱建立歐洲聯盟：歐洲各大共同體（European Communities）、《共同外交與安全政策》（Common Foreign and Security Policy）及刑事領域警務與司法合作（police and judicial cooperation in criminal matters）。後兩個支柱在其政策領域仍然由政府間合作所規管，與第一個支柱不同，第一個支柱乃仿傚

14 下稱「《歐盟條約》」（TEU）。

【圖三】歐洲聯盟的三大支柱

歐洲聯盟		
第一支柱	第二支柱	第三支柱
歐洲各大共同體	《共同外交與安全政策》	刑事領域警務與司法合作
歐洲共同體 • 共同政策： - 漁農業 - 貿易 - 運輸 • 關稅同盟和對內市場 • 經濟和貨幣政策 • 工業政策 • 地區政策 • 加強經濟和社會凝聚力的政策 • 就業和社會政策 • 能源 • 研究和開發 • 環境 • 消費者保護 • 文化 • 視聽政策 • 公共衛生 • 教育、培訓和青年 • 跨歐洲網絡 • 發展援助 • 競爭 • 稅收和相近法律 • 民事司法合作 • 歐盟公民身份 • 庇護和移民 • 對外邊界 **歐洲原子能共同體**	**外交政策** • 合作、共同立場和聯合行動 • 維和 • 人權 • 民主 • 對非成員國的援助 **安全政策** • 在西歐聯盟的支持下：有關歐盟安全的問題 • 解除武裝 • 軍備的經濟問題 • 從長遠來看：歐洲安全框架	• 刑事司法合作 • 警務合作 • 打擊種族主義和仇外心理 • 打擊毒品和武器交易 • 打擊有組織罪案 • 打擊恐怖主義 • 打擊針對兒童的犯罪行為和人口販運

共同體一體化的計劃。

許多成員國都渴望有如斯一個系統，因為她們正正表示希望將歐洲經濟共同體擴展到外交與安全政策，以及司法合作方面。至於歐盟，它遠遠超出了原先的經濟目標，因此令其政治議程越見明顯。在此情況下，條約訂出五個主要目標：

- 加強各機構的民主合法性
- 改善各機構的效率
- 建立經濟和貨幣聯盟
- 發展共同體的社會層面
- 建立共同外交和安全政策

此外，《馬斯垂克條約》也實現了歐盟的四項自由：

- 貨物的流動自由
- 人（及公民身份）的流動自由，包括僱員的流動自由，以及設立機構的自由
- 服務的流動自由
- 資金的流動自由

共同體透過修改先前的條約（《巴黎條約》、《羅馬條約》和《歐洲單一法案》），實際上避免了建立共同市場的最初經濟目標。這是歐盟發展的一個轉捩點，此外也首次宣稱了政治聯盟的獨有使命。

在《馬斯垂克條約》生效兩年後，再有另外三個國家加入歐盟，奧地利、芬蘭和瑞典於一九九四年完成入盟談判後，最終加入了歐盟。挪威舉行相關公投後，再次選擇不加入。從地理來說，十五個

成員國（一九九五年）涵蓋了近乎整個西歐。翌年，《申根公約》在七個國家，即比利時、法國、德國、盧森堡、荷蘭、葡萄牙和西班牙生效。任何國籍的旅客自此可自由來往所有「申根」國家，毋須進行邊境管制檢查。申根區也隨時間大大擴展。

一九九七年，歐盟努力與中歐和東歐十個國家啟動入盟談判，當中包括保加利亞、捷克共和國、愛沙尼亞、匈牙利、拉脫維亞、立陶宛、波蘭、羅馬尼亞、斯洛伐克及斯洛文尼亞，還包括地中海島國塞浦路斯和馬爾他。

《馬斯垂克條約》後的另一重要條約必定是一九九九年生效的《阿姆斯特丹條約》（Amsterdam Treaty）。它為《歐洲聯盟條約》帶來重大改變，但仍是以《馬斯垂克條約》的成果為基礎。它強調個人的權利，使歐洲在與世界其他地區的關係中擁有更大的發言權，並為改革歐盟機構制定計劃。在歐盟史上，它首次預視了歐洲在合作方面的兩級制：條約認為更緊密的合作與靈活性同樣重要，而各國可以從中二選一。

同年，歐元在十二個國家推出，但第一步僅限於金融和商業交易。此等國家為奧地利、比利時、芬蘭、法國、德國、希臘、愛爾蘭、意大利、盧森堡、荷蘭、葡萄牙和西班牙。丹麥、瑞典和英國則選擇不引入歐元。在二〇〇二年，歐元紙幣和硬幣終於流通，並成為十幾個成員國的國家貨幣：預期新加入的國家在符合趨同標準（convergence criteria）時會採用歐元。[15]

歐盟在一九九九年仍然面對嚴重的預算危機。議會因強烈懷疑存在財務管理不善問題和詐騙行為，所以拒絕批准執委會一九九六年的預算。它成立了一個特別委員會分析情況，而在公佈調查結果當日的晚上，執委會全體請辭。雖然獲委任的執委會最初要面對不信任的情況，但設立反詐騙監察機構加強了其合法性和確定了其地位。

在二〇〇一年，歐洲高峰會在哥德堡舉行峰會，標誌著瑞典擔任歐洲高峰會主席職務的完結。峰會的主要議程集中在歐盟的擴大、可持續發展、經濟增長、架構改革議題，以及共同體聯合應對當前危機的共同努力，當中尤其是指中東和西巴爾幹半島地區的危機。

15 趨同標準的進一步資料見 3.2. 節。

鑑於符合入盟標準的進展速度保持不變，哥德堡歐洲高峰會訂明，應當與該等於二〇〇二年底前準備就緒的申請國完成談判。考慮到擴大的進程不可逆轉，該等國家隨後會以成員國身份參與二〇〇四年的歐洲議會選舉。此外，歐洲高峰會重申，其藍圖是成功完成入盟談判的務實框架。

與此同時，布殊（George W. Bush）到訪哥德堡，參加歐盟和美國的峰會，以便重申跨大西洋共同體的共同價值觀，以及討論和消除氣候談判中的分歧。這使雙方又回到對《京都議定書》（Kyoto Protocol）及其批准的各項爭議上，儘管大家都承認必須為控制環境方面挑戰而持續合作。另外，雙方再次強調促進世界和平與繁榮的共同理念，重申承諾及全球責任，展望未來的挑戰。

有三個政治「火藥桶」在哥德堡峰會前後爆發。首先，有發現指歐盟就其成員資格在瑞典內所受的批評，都較共同體內任何其他地方的來得直接。第二，歐盟於一九九七年在阿姆斯特丹舉行峰會，期間發生抗議活動，隨後全球化浪潮更達到頂峰。第三，和平動機和對環境狀況惡化的恐懼同時構成另一個趨勢。三個問題結合在一起，結果導致一連串的騷亂，就連瑞典警方也未有為此作準備。當警方對示威者開槍，造成三人受傷時，暴力行為達到頂峰。

由於這個時期的主要關注就是擴大的進程，故成員國呼籲於二〇〇三年實施在尼斯簽訂的新歐盟條約。條約對體制架構進行改革，所以歐盟可以承受，或可說是妥善掌握東擴。源自上述條約的另一個基石，就是它預視了投票權的改變。事實上，新條約規定每一成員國將在歐盟理事會（Council of the European Union）中獲得相對的投票比重。由於條約面對的反對程度相當高，因此在「首次嘗試」時愛爾蘭顯然沒有批准。條約在第二次嘗試中成功獲得批准，這也解釋了條約推遲生效的原因。

1.7 歐洲擴大和縮小（二〇〇四至二〇二一）

臨近冷戰結束，越來越多國家有興趣加入歐盟，而這個趨勢則在二〇〇〇年代初實現。的確，很多東歐及中歐的國家表示希望加入歐盟。同時，由於她們的經濟發展與歐盟成員國的經濟發展嚴重不一致，因此很難想像完全的一體化。

【圖四】歐洲聯盟的法理基礎

歐盟的
法理基礎
1.《羅馬條約》（或《歐洲聯盟運作方式條約》，TFEU）：於一九五七年簽訂，一九五八年生效。
要點：建立歐洲經濟共同體＋歐洲原子能共同體
2.《歐洲單一法案》：於一九八六年簽訂，一九八七年生效。
要點：設立最大的自由貿易區
3.《馬斯垂克條約》（或《歐盟條約》）：於一九九二年簽訂，一九九三年生效。
要點：改革現存的條約，並在三大支柱（歐洲各大共同體、《共同外交與安全政策》及刑事領域警務與司法合作）上創建制度
4.《阿姆斯特丹條約》：於一九九七年簽訂，一九九九年生效。
要點：修正《歐盟條約》；將權力移交議會；為歐盟擴大制定機構改革
5.《尼斯條約》：於二〇〇一年簽訂，二〇〇三年生效。
要點：為進行東擴改革體制架構
6.《里斯本條約》：於二〇〇七年簽訂，二〇〇九年生效。
要點：改革《羅馬條約》和《馬斯垂克條約》；改以特定大多數（qualified majority）方式投票；加強歐洲議會的角色

資料來源：由作者繪製

此時正是歐盟開始反思如何應對此問題，並協調歐盟的要求與不同的經濟步伐和環境的時候。正如從另一章進一步可見，當時出現一個分層的系統，使一小部分的國家可及時實行不同層面的經濟一體化，這也稱為可變幾何方法（variable geometry approach）。歐盟於二〇〇四年進一步擴大及著手接納不少於十個國家，並於二〇〇七年再次接納兩個新成員國。幾年後，於二〇一三年，克羅地亞同樣完成了入盟程序。

到二〇〇〇年代初，西歐各國在法律、政治和經濟層面上已實現相當程度的一體化，這將歐盟與迄今為止的任何其他國際組織區分開來。從二〇〇二年開始便出現有關共同歐盟憲法是否可取的討論，這毫不令人驚訝。如何理想地追求更深層次的一體化，同時保留民族傳統等重要議題也都出現。有關宗教信仰及宗教在憲法文本中的角色，以及如何充分代表各項歷史遺產的討論均十分熱烈。二〇〇四年提出的初稿因缺乏必要的一致意見，使憲法項目停滯不前。

繼《尼斯條約》（Nice Treaty）後，歐盟史上的下一項編纂便是一條比以往更能引發批評的條約：[16]《歐洲聯盟改革條約》（the Reform Treaty of the European Union），又被稱為《里斯本條約》（Lisbon Treaty）。條約於二〇〇七年簽訂，旨在修正《馬斯垂克條約》、《羅馬條約》和《尼斯條約》，以便透過進一步提高歐盟的

---

16 對此應理解為許多成員國均基於不同原因表示關注，這些原因包括將《基本權利憲章》（Charter of Fundamental Rights）直接納入、投票制度和議會席位分配，導致長久的談判和調整。

效率和民主合法性，以及改善行動的一致性和協調度來完成民主化和歐洲一體化的進程。條約由全部二十七個成員國批准通過，並於二〇〇九年十二月生效。

二〇〇九年是歐元區受到主權債務危機打擊後面臨最大挑戰的一年。希臘、葡萄牙、愛爾蘭、意大利和西班牙均出現經濟下滑，危及單一貨幣市場的延續，進而危及歐盟本身。歐盟地區逐漸失去信譽、借貸成本和信心。為應對危機的蔓延，歐盟迅速制定了緊縮措施，而法國和德國則致力穩定歐元貨幣和保持歐元區成員的償還能力。二〇一〇年開始為希臘籌集救援資金，其後也為愛爾蘭、葡萄牙、西班牙及塞浦路斯籌集救援資金。經濟危機影響了整個歐洲的政治現狀和動態，造成許多政府在二〇一一至二〇一二年間出現變動。一個名為歐洲穩定機制（European Stability Mechanism）的永久機制自二〇一二年十月開始實施，以取代臨時的紓困基金和措施。

在二〇一三年至二〇一六年間，歐盟的發展主要是考慮和影響政治領域。烏克蘭退出原定的合作協議並與俄羅斯發生衝突；難民危機嚴重影響多個歐盟國家邊界，使《申根公約》受到質疑；以及隨著英國宣佈退出歐盟，歐洲懷疑主義達到高峰。所有這些都使政治和體制不穩在歐盟內逐漸蔓延。

第二章

歐洲聯盟的機構

「歐盟並不像美國般是個聯邦，也不像聯合國般僅是個用作政府間合作的組織。事實上，歐盟是獨一無二的。組成歐盟的國家仍然是獨立的主權國家，但她們將主權集中，以便獲得她們均無法獨自獲取的力量和世界影響力。」（The EU is not a federation like the United States. Nor is it simply an organisation for co-operation between governments, like the United Nations. It is, in fact, unique. The countries that make up the EU remain independent sovereign nations but they pool their sovereignty in order to gain a strength and world influence none of them could have on their own.）（European Union, 2005, n.p.a.）

集中主權意味著歐盟的成員國將部分決策權分配到聯合機構。因此，關於被認為是共同利益的特定事宜在歐洲層面上以民主方式決議。

【圖五】歐洲聯盟的機構

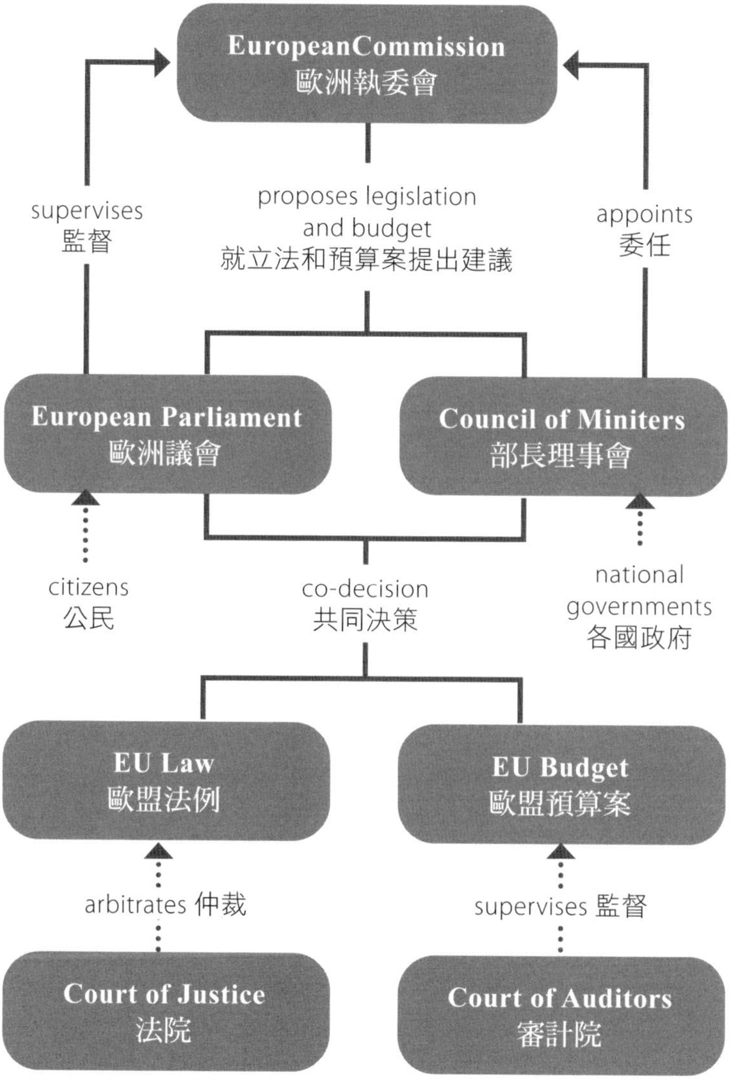
EuropeanCommission
歐洲執委會
supervises
監督
proposes legislation
and budget
就立法和預算案提出建議
appoints
委任
European Parliament
歐洲議會
Council of Miniters
部長理事會
citizens
公民
co-decision
共同決策
national
governments
各國政府
EU Law
歐盟法例
EU Budget
歐盟預算案
arbitrates 仲裁
supervises 監督
Court of Justice
法院
Court of Auditors
審計院

歐盟所代表的一切，包括過往的成功和失敗，以及其潛能和弱點，都可從其機構找到。從舒曼和莫內等戰後始創人開始，直到一九九〇年代的馬斯垂克里程碑，此等機構在過去數十年迅速發展並且轉型。

在嘗試了解歐盟的運作、權力和程序時，無可避免要看一下其主要機構和決策機關。歐盟的行政及立法權力在不少於三個政治機構的手中。議會（Parliament）是代表公民的機關，執委會（Commission）保障「歐洲的利益」，而理事會（Council）則代表各國政府。此外，此章節的後續部分也會探討主要的非政治機構：歐洲法院（European Court of Justice）、歐洲審計院（European Court of Auditors）和歐洲投資銀行（European Bank of Investment）。概括而言，本章節專注探討共同體的主要體制力量、組成部分、權力和成員。

2.1 歐洲議會

歐洲議會是唯一一個透過民主直選選出議員（議會成員，Member of Parliament）的超國家機構，旨在代表所有成員國的公民。其職能尤其涉及草擬影響歐盟地區每個人日常生活的法律（如指令、規章）。

歐洲議會是歐盟公民的代表，並可被視為共同體的基礎。自一九七九年起，各成員國每五年舉行一次選舉（Schiefer, 1997, p. 3）。

由直選產生的機關會按時就各方面的關注事項接受諮詢，並可藉此影響當前的政策，惟只有執委會有權推出政策，議會則並無此權力，而且是由執委會啟動整個決策過程。議會其後就執委會的方案和提議進行投票，透過向執委會和理事會提出口頭和書面要求來監測歐盟政策的日常管理。另外，議會可成立調查委員會，處理歐盟國家的公民向它提出的請願書。再者，《歐盟條約》允許議會任命申訴專員，處理有關各機構管理不善問題的投訴。

議會連同理事會組成了預算機關，透過聯合投票通過年度預算案，檢討預算案的執行情況。

歐洲議會共有七百八十五名議員，分別從擴大後的二十七個歐盟成員國選出。議員被劃分為不同的黨團（political group），即他們並非按所屬國家來劃分，而是按政治派別。目前，歐洲議會內共有七個黨團，並非所有議員都必須登記加入政治黨派（在此情況下他們會被指定為「無所屬」（non-registered）議員）。《尼斯條約》實際上按照國家的大小，將歐洲議會的議席定為七百八十五個，當中德國佔九十九席；法國、意大利、英國各七十八席；西班牙、波蘭各五十四席；羅馬尼亞三十五席；荷蘭二十七席；比利時、捷克共和國、希臘、匈牙利、葡萄牙各二十四席；瑞典十九席；奧地利、保加利亞各十八席；丹麥、斯洛伐克共和國、芬蘭各十四席；愛爾蘭、立陶宛各十三席；拉脫維亞九席；斯洛文尼亞七席；愛沙尼亞、塞浦路斯、盧森堡各六席；以及馬爾他五席。

歐洲議會有三個不同的辦公地點。盧森堡是行政辦公室（秘書處，General Secretariat）的所在地。整個議會的會議（全會）則在斯特拉斯堡舉行。最後，為方便與執委會和理事會進行交流，部分會議和委員會會議則在布魯塞爾舉行。

議會有三個主要職責：

- 通過歐盟法例
- 對其他機構行使民主監督權
- 「看守荷包權」（Power of Purse）：有權對歐盟的預算和支出作出控制和投票

因此，藉鏡像效應（mirror effect），議會擁有的主要權力是：

- 立法權
- 預算權
- 監督行政機關

議會的立法權定必是最受關注的職權，我們必須明白，這牽涉到不同的層面。換句話說，議會本質上參與了多個層面的立法過程，相等於多個程序。本節後段將進一步解釋現有的五個主要程序（諮詢、合作、共同決策、批准和調解）。

就立法權而言，議會通常會被認為擁有所謂決策的「共同權力」，或者是作為「共同立法者」。這表示歐洲議會與另一機關，即歐盟理事會（如非執委會）一同執行其主要的立法任務。理事會和議會因此同等重要。

原則上，決策意味著要獲得絕對多數票。然而，在立法方面的參與程度有限。順帶一提，《馬斯垂克條約》和《阿姆斯特丹條約》均強調議會在諮詢意見、合作和共同決策方面的重要性。

議會可自由對理事會或執委會進行議會詢問，以維持對其活動的規管。這屬於上文提及「行使民主監督」的權力範疇。議會的工作分成兩步。第一步，議員在各自的委員會內為全會作準備，而每個委員會均專責處理若干事項。第二步，全會每月會在斯特拉斯堡舉行，每次為期一星期，所有議員不論是否屬於某一委員會都會出席。

最後，議會的立法任務可與歐盟現有的請願權（right to petition）有關，因為請願權容許任何歐盟公民或居於成員國內的任何人士，直接向議會提交涉及共同體活動，直接影響提交人士的請願書。

2.2 歐洲執委會

執委會是一個政治機構，在歐盟的政策決定過程中發揮著卓越超群的作用。事實上，歐盟的法律主要是透過執委會的行動來執行。執委會是歐盟最大的中央行政機關，也是歐盟的主要政策管理者，更是其政治及政策指示的重要來源（Europa, n.p.a.）。執委會由成員國各自選派的一名執委（commissioner），以及執委會主席組成。

執委會的任期為五年，與歐洲議會的形式相似。議會被要求在成員國面前委任執委會的主席，而整個執委會同樣必須在開始五年任期前得到議會的批准。執委會委員必須完全獨立於各自的國家政府，並僅須要為歐盟的利益行事。只有議會方有權干預執委會的事務和行動。每個委員都專為一個或多個政策範疇負責。然而，最終決定始終是共同作出。

執委會可被視為歐盟各條約的「守護者」。條約條款的遵守和應用，以及按此等基本條約所作的決定，均由此機構負責控制和監督。此外，它可對任何成員國提出違規訴訟，並能將特定事項委託法院處理。如果有個人或公司明顯違反了歐盟的競爭規則，執委會也可對其處以罰款。

執委會由於擁有獨一無二的特權，即可以藉提交建議來啟動立法，因此是歐盟的催化劑。同樣，在通過一項新法律的過程中，它可在各個階段介入和施加影響。

執委會終歸是歐盟程序的行政權力，這包括確保適當應用與執行若干條約條款有關的規則和管理用於歐盟運作的預算撥款。

執委會的行政人員主要在布魯塞爾的總部辦公，而盧森堡也有一些辦公地點。歐洲執委會由三個主要可區分的子單位組成：主席、執委團及其內閣。

三個主要職責包括：

- 為即將實施的法例提出建議
- 維護條約（即確保成員國適當應用歐盟法例）
- 管理及執行歐盟政策和國際規例

來自執委會的任何和所有決策過程均要獲得簡單大多數（simple majority）支持。在立法方面，執委會不僅有權就新的歐盟法例提交建議書，而且實際上在這方面擁有壟斷權。

2.3 歐盟理事會

歐盟理事會更被稱為部長理事會（Council of Ministers）。它是歐盟的主要決策機構和最終的立法機關。它按比例代表所有成員國，所以其會議一貫由歐盟各國政府的部長出席。每次會議上，部長組合都會因特定議程上的議題而有所不同。歐盟理事會是歐洲聯盟管治機構的分支，對最初由歐洲執委會提出，並隨後由歐洲議會商議的任何一項法例，都擁有最終表決權。部長理事會負責對構成歐盟的三大支柱進行決策（Peterson and Shackleton, 2002, p. 54）。理事會的總部設於布魯塞爾，並首先是於一九六七年當歐盟的前身，即歐洲共同體正式成立時，作為「歐洲各大共同體部長理事會」（Council of Ministers of the European Communities）成立的。它其後於一九九三年改名為歐盟理事會。

在會議上，外長一般被視為各國政府代表團的協調人員和主要代表。理事會主席由各國成員輪流擔任，每六個月為一任。工作的主要部分由秘書處及各國政府官員所組成的常駐代表委員會（Committee of Permanent Representatives）作前期準備。儘管在某些情況下仍需要理事會的一致同意，但一九八七年的《歐洲單一法案》擴大了理事會根據多數票作出決定的能力。理事會成員的投票比重在任何情況下，都是按照代表國家的大小來分配。

主要職責包括：

- 作為立法機關；理事會與歐洲議會一同行使立法權
- 協調成員國的整體經濟政策
- 共同體的代表；決定共同體與第三國或國際組織達成協議的權力
- 與歐洲議會和歐洲執委會合作，擬備預算
- 就刑事事宜在警務和司法合作方面協調和採取措施
- 作出有關共同外交和安全政策的決策

決策：

- 以簡單大多數投票通過，每個成員國都有權投票
- 以一致同意通過接納新成員國的決定

然而，工作缺乏透明度和與歐盟公民脫節至今仍然是投訴的主

因。該等事宜有時會導致機構的認受性出現問題。另一個引起爭議的挑戰源自複雜性高於效率的正式決策過程。

2.4 歐洲法院

位於盧森堡的歐洲法院是歐盟的最高法院和歐盟法律的最終仲裁機構。始創條約是以一套法律規則、原則和程序為基礎，而這些規則、原則和程序則闡明了歐盟程序的健全運作。[17] 歐洲法院透過詮釋條約和現有的法律條文，為共同體法律的含義和實際作用訂下基礎。此機構與其他所介紹的機構相比，性質不同，因為它應當要被區分。法院內，每個成員國都由一位法官代表。歐洲法院可被稱為一個專門的應對機構，意思是指它只能按照其個別程序，對有限的提交事項作出決定，因此沒有政治影響力。

歐洲法院還為歐洲各大共同體原訟法院（Court of First Instance of the European Communities）和公務員法庭（Civil Service Tribunal）所處理的各種事項提供重要協助，而設立這兩個法庭的目的是為減輕主要法庭的工作量。

主要職責包括：

- 編輯國家法庭提出關於歐盟法例若干條款的含義或效力的請求
- 控制歐盟機構和政府的活動與條約的相容程度

• 形成判例法（case-law）

（一）歐洲人權法院——附記

與此相關的是，歐洲人權法院（European Court of Human Rights）是另一常設的主要司法機關，經常會與歐洲法院混淆。

雖然這兩個法院確實有密切關係，因大部分歐盟成員國都是《歐洲人權憲章》（European Charter of Human Rights）的簽署方，而歐盟加入作為第四十八個成員國的談判仍然進行得如火如荼，但兩個

17 始創條約的概要見第二章 2.6. 節。

法院各有特點。借用一九五〇年《歐洲人權憲章》問世背後機構的官方說法：這兩個機構有「不同的角色，共同的價值觀。」[18]

歐洲人權法院的創立文本源自歐洲理事會（Council of Europe），而歐洲理事會是一個旨在將泛歐各國政府聚集，一同制定最低通用標準的實體，所以法院可以說是有一個相當具體，必然是以法律為本的職能範疇，而非像歐洲聯盟般橫跨更廣泛的領域。

作為比較，歐洲人權法院位於斯特拉斯堡，並由四十七位法官組成。每位法官都是以個人名義當選，任期為九年，並不代表其原

---

2 作為備忘（*pro memoria*），該等價值觀包括：民主；人權和法治（rule of law）。

【圖六】歐洲聯盟與歐洲理事會的比較

歐洲理事會和歐洲聯盟		
歐洲理事會	v.s	歐洲聯盟
一九四九	成立	一九五七
四十七	成員國	二十七
八點三五億	人口	四點四八億
《歡樂頌》	會歌	《歡樂頌》

法律合作
歐盟加入了十一個歐洲理事會公約和數個歐洲理事會的專門機構。

技術合作
四十二個聯合項目，共值一點七一億歐元，遍及歐洲和其他地區。*

* 截至二〇二〇年九月一日

籍國。所有有關可能違反《歐洲公約》（European Convention）的事項，不論是由個人或國家提交，法院都有權審理。在這種意義上，法院所作的裁決會有系統地處理（並可能涉及）一個締約國的責任，這與國際法院（International Court of Justice）的裁決相似。[19]

法院的主要職責包括：

- 確保締約國尊重公約內規定的權利
- 審查事項並作出具約束力的裁決
- 形成不斷演變和有力的判例法，並制訂文獻
- 按要求向其他實體，如歐洲聯盟提供意見

2.5 歐洲審計院

歐洲審計院是由《尼斯條約》建立，由每個成員國各派一人組成。審計院成員是在諮詢議會後由歐盟理事會一致決定任命。審計院主席是由成員選出，任期為三年。

審計院位於盧森堡，負責審核所有歐盟的收入和開支是否合法和正當，也會核實財務管理都是符合規定。審計院會製作周年報告，

19 進一步的資料和分別，主要由國際司法資源中心（International Justice Resource Center）提供：https://ijrcenter.org/european-court-of-human-rights/。

協助理事會和議會就歐洲各大共同體總預算案的執行情況對執委會進行詢問。審計院也會按其他機構的定期要求準備其他報告和意見。《歐盟條約》賦予審計院充分的機構地位，也賦予審計院額外的責任，就賬目和交易是否合法和正當向議會和理事會提供保證聲明。

2.6 經濟和社會委員會與區域委員會

區域委員會（Committee of Regions）是在經濟和社會委員會（Economic and Social Committee）成立三十年後成立。然而，這兩個機構有許多共通點（Peterson and Shackleton, 2002, p. 326）。經濟

和社會委員會是在一九五八年根據《羅馬條約》成立，為歐盟其中一個始創機構。至於區域委員會則是在一九九四年按《馬斯垂克條約》成立，旨在作為歐盟一個諮詢機構，由來自所有成員國的地方及區域當局代表組成。這意味著區域委員會的主要任務是根據強制性或（自我）自願性的倡議，提出不具約束力的意見。相比經濟和社會委員會，區域委員會可以說是成員較多，但象徵意義較小。不過，正如經濟和社會委員會，是一個就經濟和社會問題表達有組織公民社會意見的政治機構一樣，區域委員會的首要基本目標就是促進社會、經濟和地域團結。

2.7 歐洲投資銀行

歐洲投資銀行（European Investment Bank）在一九五七年成立，為《羅馬條約》的一部分，是歐洲聯盟的長期貸款銀行和優秀的金融機構（Peterson and Shackleton, 2002, p. 165）。銀行的主要工作包括整合、創新、發展、可持續發展，以及促進各成員國的經濟和社會凝聚力（Peterson and Shackleton, 2002, p. 166）。歐洲投資銀行透過給予公私營機構進行資本投資的長期貸款，向對社會具有意義的計劃和非商業項目工程提供資金。至今，歐洲投資銀行與歐洲及其他地區超過一百六十個國家有聯繫。在歐盟內，歐洲投資銀行藉其貸款活動將重點放在以下六個目標：

- 凝聚和一致
- 支援中小型企業
- 環境可持續發展
- 推行二〇一〇創新措施（Innovation 2010 Initiative，i2i）
- 發展全歐交通和能源網路（Trans-European Networks，TENs）
- 可持續、有競爭力和安全的能源

上述各項均列在歐洲投資銀行的業務計劃《機構營運計劃書》（Corporate Operational Plan）內，於推行前須得到董事會批准。實際上，《機構營運計劃書》不僅為歐洲投資銀行的基本目標界定了中期政策和營運重點，同時也是其工作成效的評估工具。

在歐盟外，歐洲投資銀行的借貸活動主要是以歐盟的對外合作和發展政策為指引。接受歐洲投資銀行提供資金的國家範圍十分廣泛，由擴大區的候選國和準候選國，以至被列為歐盟鄰國的國家，甚至是需要就促進發展而籌募資金的非洲、加勒比地區、太平洋國家，或是謀求與歐盟進行經濟合作的亞洲及拉丁美洲國家（European Investment Bank, 2008, n.p.a.）。

歐洲投資銀行的資金來自成員國的貢獻和金融市場的借貸協議。

歐洲投資銀行與歐洲投資基金（European Investment Fund）一同組成了歐洲投資銀行集團（EIB Group）。歐洲投資銀行完全由歐盟成員國擁有，但歐洲投資基金則有數個持有者，當中歐洲投資銀行仍然是其主要股東（百分之六十六）。歐洲執委會持有百分之二十五，具有重要策略意義的阻止少數派（blocking minority），餘下的百分之九則由不同的歐洲金融機構持有。歐洲投資銀行和歐洲投資基金的主要合作範圍是向中小型企業提供支援。

此外，歐洲投資銀行與世界銀行（World Bank）也有就中歐和東歐國家的任何及所有投資問題簽訂合作協議。

2.8 其他值得注意的機構：司法合作和防止罪案

除上述機構外，也有很多其他機構因歐盟而存在，並為歐盟公民服務。為盡可能提供一個完整的概述，這一節將介紹兩個在防止罪案和打擊犯罪活動的重要機構。

第一個是於一九九八年成立的歐洲刑警組織（European Union Agency for Law Enforcement Cooperation，Europol），其總部設於海牙，是歐盟的指定執法機關。更準確來說，歐洲刑警組織直接向成員國，以及其他夥伴國和世界各地的國際組織提供支援和情報，以打擊任何嚴重及有組織罪案。嚴重及有組織犯罪活動是指任何危害歐盟內部安全，或歐盟民生的大規模或具深遠影響的犯罪活動。屬於這個類別的基本案例包括恐怖活動、毒品販運、洗黑錢活動、偽造單一貨幣和人口販運。

此機構代表更安全歐洲的官方基準：沒有不守基本執法規則的

犯罪網絡，部署也不局限於一個國家。至於機構本身，歐洲刑警組織由一名執行主任（Executive Director）帶領，由三名副執行主任（Deputy Director）協助。四人均由歐盟的司法與內政部長理事會（Council of Ministers for Justice and Home Affairs）任命。截至二〇二〇年，機構約有一千三百名人員，他們均來自不同的專業背景和國家。根據平行原則（principle of parallelism），歐洲刑警組織是向負責其整體監管，有權與議會一同批准其預算的同一部長理事會完全負責。

第二個是於二〇〇二年成立的歐洲司法合作組織（European Union Agency for Criminal Justice Cooperation，EuroJust），其總部設於海牙，在某程度上這是互補的一步。歐洲司法合作組織實際上可作為泛歐司法合作打擊跨境罪案的參考。因此，它有著與歐洲刑警組織相似的目標，但它並非透過區域執法機關工作，而是透過司法機關，將重點放在制止和公平審判嚴重及有組織罪行方面。此乃司法程序中發生在法律和安全方面後段的一步。成員國各派一名代表作為此組織的成員，而這些成員則一同組成歐洲司法合作組織的執行團（college），負責所有的營運工作。至於行政方面，則由不同的數據分析師和法律專家支援執行團。

為實現目標，此組織建立了一個司法網絡，授予成員國的檢察官在五十多個不同國家的管轄權。這也是組織最突出的特點。與歐洲刑警組織相似的地方，在於歐洲司法合作組織其中一項任務，同樣涉及與其他非歐盟成員國，以及其他機構和組織建立和培養夥伴關係和協議。

2.9 立法程序

立法程序規定了歐盟草擬和制定法律的形式。基本上，理事會是歐盟的主要決策機構。執委會藉提出建議而有權啟動決策程序。此項提議其後提交理事會和議會，由理事會和議會通過法例。程序根據所涉提案的政策範圍而定。歐盟的各項條約規定了歐盟規則制定的法則和程序。主要的程序以綜合方式列於下文。

(一) 共同決策程序

此乃最主要的立法程序，因為它是最常用，也是作為參考的程序。這是理事會和議會根據執委會事前所作的提議通過立法的程序。因此，議會和理事會在平等的基礎上共同享有立法權，並需就共同文本達成共識，以便最終實行。

（二）合作程序

這是一九八七年《歐洲單一法案》生效時設立的其中一個立法程序。當時，歐洲議會顯然在立法的過程獲得更大的影響力。從《阿姆斯特丹條約》開始，此程序逐漸被共同決策程序取代。自此，議會雖可進行修正和修訂，但最終在嚴謹的決策層面沒有影響力。決策權（仍然）在理事會手中。

（三）諮詢程序

在《歐洲單一法案》訂立前，此程序得到廣泛使用。藉此程序，理事會能夠通過由執委會提出的立法，但必須尊重議會的意見。然而，理事會並不受議會的立場所約束。執委會提出建議並由理事會通過法例的工作明確劃分。

（四）批准程序

理事會在得到議會同意後，能夠按執委會提出的建議通過立法，而議會可以接受或拒絕理事會的宣讀。此程序技術上與諮詢程序相似，可是議會不能修正提案，需要接受或拒絕提案。此程序由《歐洲單一法案》所設立，一般適用於與歐洲中央銀行（European Central Bank），或與新成員國入盟有關的工作。

（五）調解程序

此程序通常保留予普遍適用而對財政有相當大影響的共同體法案，只要現有的文本中並未對通過這些法案作出規定。其次，只有當理事會和議會對處理中的法案有不同立場時，此程序才會發揮作用。一旦理事會和議會的立場被認為是足夠相近或者一致，議會便可提出新的「不同的」意見，而理事會便會根據該意見作出最終決定。

第三章

經濟貨幣同盟

3.1 通往經濟貨幣同盟之路

早於一九二〇年代，在歐洲建立一個經濟和貨幣聯盟的概念便已出現。施特雷澤曼（Gustav Stresemann）於一九二九年在國際聯盟（League of Nations）提出了一個歐洲貨幣的建議。可是，期間經歷了整整三十年和另一場世界大戰，歐洲才向經濟和金融一體化踏出最初重要的一步。於一九六二年，執委會發出「馬若蘭備忘錄」（Marjolin Memorandum）。事後看來，該備忘錄可被視為歐洲貨幣一體化的正式起點。備忘錄鼓勵就單一共同貨幣進行討論，促使在貨幣合作範疇採取多項措施。由同盟國（Allies）簽訂並於當時仍然生效的《布列敦森林協定》（Bretton Woods Agreement）旨在確保國際體系中的匯率穩定，而這樣做則對歐洲經濟共同體的成員國留下沒有必要固定匯率的影響（Mongnelli, 2008, p. 9）。再者，一九六〇年代歐洲通貨市場（Euromarket）[20]的建立及隨後數年《布列敦森林協定》重要機構的瓦解均使人相信，確保歐洲各國穩定的新方式受到歡迎。

在備忘錄的條款下，歐洲經濟共同體內各國中央銀行的行長委員會（Committee of Governors）於一九六四年成立，緩慢但穩步發

---

20 歐洲通貨市場是英倫銀行（Bank of England）發起並以美元計算的歐洲債券市場。

展成為開發及管理貨幣合作體制框架方面的先驅。

在一九六〇年代後期，國際貨幣環境大幅改變。美國持續存在經常賬戶赤字，以及普遍的通貨膨脹壓力浮面，均受到當前的第一次石油危機影響而進一步加劇，終導致布列敦森林系統（Bretton Woods System）於一九七一年崩潰。歐洲經濟共同體成員國開始奉行不同的經濟政策，因眼見自己國家的貨幣在其他成員國的外滙業務壓力下貶值而感到絕望，所以各國之間的關係日益緊張，甚至嚴重危及以前共同建立的關稅同盟和共同農業市場的存亡。作為對當前問題的補救措施，「蛇形浮動貨幣」（Currency Snake），即一種要求逐步縮小歐洲經濟共同體成員國之間，貨幣波幅的匯率安排於一九七〇年代開始實施（Mongnelli, 2008, p. 10）。

【圖七】通往經濟貨幣同盟的三個階段

第一階段
一九九〇年七月一日

- 完全自由的資本交易
- 加強各中央銀行的合作
- 自由使用歐洲貨幣單位（€的前身）
- 經濟趨同有所改善

第二階段
一九九四年一月一日

- 成立歐洲貨幣機構
- 禁止向公營部門提供中央銀行信貸
- 加強協調貨幣政策
- 加強經濟趨同
- 實現各國中央銀行獨立的進程，最遲於歐洲中央銀行體系建立當日完成

第三階段
一九九九年一月一日

- 永久固定轉換率
- 引入歐元
- 歐洲中央銀行體系執行單一貨幣政策
- 歐盟內部匯率機制生效（第二代歐洲匯率機制）
- 《穩定與增長協定》生效

資料來源：https://www.ecb.europa.eu/ecb/history/emu/html/index.en.html

在一九七九年，貨幣一體化的進程隨著歐洲貨幣體系建立而重整。歐洲貨幣體系的主要特點是匯率機制。此機制將固定但可予調整的貨幣匯率，引入歐洲各大共同體的九個成員國，[21]而這些成員國的中央銀行稍後都必須宣佈放棄獨立的貨幣政策。根據歐洲貨幣單位（European Currency Unit），即一籃子貨幣，組合中貨幣的加權平均數經已釐定，而最高的貨幣波動率則定於百分之二點二五。儘管當時並沒有正式指定某一貨幣作為支柱，但德國馬克（German Mark）和德國聯邦銀行（German Bundesbank）無疑是歐洲貨幣體系的中心，其他貨幣都跟隨其後。結果，貨幣合作增強，各大共同體內各國中央銀行的聯繫也有所加強。國內經濟政策成為實現匯率穩定的關鍵。換句話說，通脹率相對較高的國家成功引入和實施通縮政策，促使通脹率整體向下收斂，以及減少匯率的過度波動。這最終改善了整體經濟表現。然而，有限的財政收斂幅度仍然是動盪不穩的根源，因一些國家屢次產生巨大預算赤字（Mongnelli, 2008）。

歐洲貨幣體系於一九七九年三月建立，打算由建立當日起計維持二十年，直至一九九九年引入歐元為止。事後看來，歐洲貨幣體系經歷了四個主要階段和多個動盪時期。第一個階段是由一九七九年至一九八五年，期間出現持續的不一致、預算赤字差距和大量的公共債務。第二個階段（一九八六年至一九九二年），歐洲貨幣體系大部分成員國成功將通脹率下降至德國的通脹水平。為達成此目

21 當時九個成員國包括：比利時王國、丹麥王國、德意志聯邦共和國、法蘭西共和國、愛爾蘭、意大利共和國、盧森堡大公國、荷蘭王國、大不列顛及北愛爾蘭聯合王國。

標，公共貨幣政策被偶然放棄了。一九八六年通過的《歐洲單一法案》建立了單一市場。這導致經濟和貨幣聯盟的想法再現，預告了通往經濟貨幣同盟（Economic Monetary Union）的第一階段。一九八八年，歐洲高峰會任命了一個委員會，由法籍的執委會主席德洛爾（Jacques Delors）擔任委員會主席，為貨幣聯盟是否可行進行評估，以及為建立一個經濟和貨幣聯盟提出具體步驟。事實上，德洛爾報告（Delors Report）設想了實現單一貨幣的三階段時間表，建立了相應的機構，制定了於一九九二年二月簽訂最終版本的《馬斯垂克條約》的概念設計。《馬斯垂克條約》也都定立了趨同標準，即一國為採用歐元而必須符合的一套規則。德洛爾報告也主張成立以確保價格穩定為首要目標和相應責任的獨立中央銀行，同樣闡明了建立如此一個機構的主要準則（Swann, 1996, pp. 122-124）。

最嚴重的危機發生在歐洲貨幣體系的第三階段。幾個國家的通脹加劇，逐漸導致各國貨幣的價值被高估，加上德國聯邦銀行在統一後實行刻板的貨幣政策，以及丹麥選民意外地對《馬斯垂克條約》投反對票，促使投機者攻擊高估的貨幣，這些都幾乎將歐洲貨幣體系推向崩潰的邊緣。在此情況下，意大利和英國被迫退出歐洲匯率機制，同時波幅擴大至約百分之十五。

歐洲匯率機制的評論員得出的結論，就是一個「原地踏步」的政策無法持續。不論前進或後退，都必須有一些改變。有關採取後退的做法，建立匯率控制被重新提出討論。然而，維普洛斯（Wyplosz）認為，實際上最有效的方法便是迅速成立貨幣聯盟（Wyplosz, 1994, p. 4）。他的觀點得到許多人認同。儘管所有的經濟動盪，歐洲貨幣機構（European Monetary Institute）還是於一九九四年成立了，並標誌著歐洲通往經濟貨幣同盟的道路上另一個里程碑。

此跨國機構具有法人資格，由一個由主席和各國中央銀行行長組成的委員會管理。歐洲貨幣機構位於法蘭克福，致力為單一貨幣作技術上的準備、建立歐洲中央銀行體系（European System of Central Banks）、避免過度赤字，以及把協調一致的國家政策狀況過渡至單一聯盟的貨幣政策狀況。

歐洲貨幣體系的第四個階段一直持續至歐元推出，而推出歐元又成為通往經濟貨幣同盟的第三兼最後階段的起點。一九九九年一月一日，由於為採用歐元而準備的匯率經已永久固定，所以貨幣政策的權限獲移交予歐洲中央銀行，而《穩定與增長協定》（Stability and Growth Pact）也生效。歐洲貨幣體系正式停止運作，歐盟內部匯率機制（第二代歐洲匯率機制，ERM II）也接替了歐洲匯率機制計劃。根據該計劃的規定，歐洲貨幣單位的一籃子貨幣被廢除，歐元成為組合中其他貨幣的支柱。對於引入歐元的熱切追求乃源自一個共同的看法，就是沒有單一共同貨幣，單一市場的潛力便無法充分發揮。再者，共同政策將確保更高的價格透明度、消除匯率危機、降低交易成本，從而大大提高整個共同體的整體經濟福利（Swann, 1996, pp. 124-125）。

3.2 趨同標準

希望採用歐元作為法定和唯一貨幣的國家必須在作出變動前實現高度的「可持續趨同」。趨向一致的程度是根據載列於《馬斯垂克條約》內的數個累積標準（共五個）來評估，並且在一國申請加入期間由歐洲執委會和歐洲貨幣機構向部長理事會仔細報告。根據這些報告，部長理事會會以特定大多數（qualified majority）的決定方式，評估歐盟哪個成員國符合推行歐元的必要條件，以及引入歐元的時間。

於一九九八年五月在布魯塞爾舉行的歐盟峰會，比利時、德國、

【表 1】《馬斯垂克條約》中歐盟的標準：經濟貨幣同盟的趨同標準

1	在審查前一年，通脹率不超過價格漲幅最低的三個成員國的平均水平百分之一點五
2	在審查前一年，長期利率與通脹率最低的三個成員國的平均水平相差百分之二以內
3	國家預算赤字不超過國內生產總值的百分之三
4	公共債務比率不超過國內生產總值的百分之六十
5	貨幣在歐洲貨幣體系中歐洲匯率機制的正常範圍內兩年沒有貶值

資料來源：Swann, 1996, p. 123.

西班牙、法國、愛爾蘭、意大利、盧森堡、荷蘭、奧地利、葡萄牙和芬蘭獲宣佈符合實行歐元的標準。於二〇〇二年一月一日，所有上述國家已採用歐元作為共同及單一貨幣。

在所有的申請國中，只有瑞典未能符合所有標準。英國和丹麥獲授予為「具特殊地位的成員國」，因此有權選擇是否參與經濟貨幣同盟的第三階段，按情況需要採用歐元，而兩國則行使了所謂的「選擇退出條款」。因此，兩國通知歐洲高峰會，指暫時無意成為歐元區的一員，希望保留在貨幣政策方面現有的權力和貨幣。可是，英國和丹麥並未受這一立場所限，兩國倘若願意，之後仍可通過完成最後階段加入。

於二〇〇二年一月，歐元的紙幣和硬幣成為經濟貨幣同盟參與國的法定貨幣。因此，在一個稍為短暫的過渡期後，各參與國也不再接納其紙幣和硬幣為法定貨幣。

3.3 架構和工作

（一）歐洲中央銀行體系

歐洲中央銀行體系是根據《馬斯垂克條約》及《歐洲中央銀行體系及歐洲中央銀行條例》（Statute of the European System of Central Banks and of the European Central Bank）而成立。歐洲中央銀行體系是一個協作架構，有兩個營運分支：所有歐盟成員國的國家中央銀行及歐洲中央銀行；前者各有不同的法人資格，後者也被視為一個法律實體。然而，讀者不應被「協作」一詞誤導。事實是歐洲中央銀行乃決策中心，而各國的中央銀行只是歐洲中央銀行體系的一部分，並必須根據歐洲中央銀行的指引和指示行事（European Central Bank, 2006 p. 12）。

根據《馬斯垂克條約》，歐洲中央銀行體系的工作是界定和實施共同體的貨幣政策。因此，體系主要負責控制單一貨幣的供應和引導利率。此外，進行外匯業務也被納入其議程，儘管值得注意的是，《馬斯垂克條約》的文本並沒有列明讓歐洲中央銀行體系完全控制外匯政策。

簡單而言，歐洲中央銀行體系負責日常的運作，但實際上部長理事會才是決定匯率政策的機構。這引起了強烈的抗議，眾所周知，各政府都偏好低估的匯率（Swann, 1996, p. 139）。

（二）歐洲中央銀行

一九九八年六月，歐洲中央銀行在美茵河畔法蘭克福成立，接替原來的歐洲貨幣機構。歐洲中央銀行總部至今仍位於美茵河畔法蘭克福。它擁有授權發行歐元紙幣的專有權，象徵著歐洲貨幣政策的核心。此外，歐洲中央銀行與各國中央銀行一同獲授權參與公開市場操作，對信貸機構施行最低準備金（reserve）要求，原則上可採取任何其他被認為是充分和適當的貨幣控制措施。

一個引起廣泛關注的特點便是歐洲中央銀行所需的獨立性。的確，根據許多專家的論據，擁有獨立的中央銀行在宏觀經濟管理上，具有很大的潛在不利因素。尤其是失業和通脹之間的平衡已經引起大眾關注，因為確保物價穩定乃歐洲中央銀行負責的其中一項優先處理事項。過分刻板地執行此項工作最終會造成失業率達到不能接受的高水平。有人也認為，獨立即是不民主，因為獨立的中央銀行會自行其是，所以一國對歐洲中央銀行政策的不滿也會被無視。相反，支持中央銀行獨立地位的論點則強調，不能排除任何政府為了令其貨幣貶值、削弱其債務的實際價值，甚至取得選舉優勢等原因，而可能濫用貨幣權力。最終，支持中央銀行獨立的呼聲佔了上風，因為他們所有的論據都證實了一個假設，就是在中央銀行非獨立的情況下，宏觀經濟政策會相對傾向通脹，而獨立的中央銀行則會確保價格穩定（Swann, 1996, p. 134）。

歐洲中央銀行的主要決策機關和職責

【圖八】歐洲中央銀行的組織架構

Organisational Structure of the ECB
歐洲中央銀行的組織架構
Organisation 組織
Administration (Directorate General) 行政（總署）
Banknotes (Directorate) 鈔票（處）
Communications (Directorate) 通訊（處）
Counsel to the Executive Board 執行董事會顧問
ECB Permanent Representation in Washington D.C. 歐洲中央銀行駐華盛頓哥倫比亞特區常任代表
Economics (Directorate General) 經濟（總署）
Financial Stability and Supervision (Directorate) 金融穩定和監（處）
Human Resources, Budget and Organisation (Directorate General) 人力資源、預算及組織（總署）
Information Systems (Directorate General) 資訊系統（總署）
Executive Board 執行董事會
Internal Audit (Directorate) 內部審計（處）
International and European Relations (Directorate General) 國際及歐洲關係（總署）
Legal Services (Directorate General) 法律服務（總署）
Market Operations (Directorate General) 市場操作（總署）
Payment Systems and Market Infrastructure (Directorate General) 支付系統與市場基礎設施（總署）
Research (Directorate General) 研究（總署）
Secretariat and Language Services (Directorate General) 秘書處及語言服務（總署）
Statistic (Directorate General) 統計（總署）
歐洲中央銀行

資料來源：歐洲中央銀行的組織架構

歐洲中央銀行的決策機關包括管理委員會（Governing Council）和執行董事會（Executive Board）。管理委員會是由歐洲中央銀行的執行董事會和歐元區各國的中央銀行行長一同組成。根據條例，管理委員會每年會面最少十次，而會面日期則按執行董事會的建議確定。管理委員會的成員各有一票，而決策是以簡單大多數的形式投票通過。然而，有關歐洲中央銀行財務事宜的決議，選票則按各國中央銀行在歐洲中央銀行認繳資本（subscribed capital）中的份額加權（European Central Bank, 2006, pp. 16-19）。

在《歐洲聯盟運作條約》（Treaty on the Functioning of the European Union）和《歐洲中央銀行體系及歐洲中央銀行條例》的授權下，管理委員會就貨幣政策和其他裁決作出最具策略意義的決定。在充分考慮歐元區整體發展這一不變條件下，他們對於保證歐元體系的工作執行是不可或缺的。

執行董事會由總裁、副總裁和另外四名成員組成。執行董事會每逢星期二舉行會議，與管理委員會和常務委員會（General Council）的會議一樣，由歐洲中央銀行總裁主持，或當總裁缺席時，則由副總裁主持。歐洲中央銀行的貨幣政策決策由管理委員會作出，執行董事會則負責實施這些決策和進行日常管理。

歐洲中央銀行的第三個決策機關便是常務委員會，由歐洲中央銀行的總裁和副總裁，以及所有歐盟成員國的國家中央銀行行長組成。常務委員會不會定期舉行會議，只有當三名成員要求或總裁認為有需要時才會召開。基本上，常務委員會負責報告尚未採用歐元的歐盟成員國取得的進展。換句話說，在趨向一致方面的進度。常務委員會的第二個職責便是作為顧問，提供有關準備採用歐元的建議和相關諮詢。

多個歐洲中央銀行體系委員會成立，以支持上述歐洲中央銀行的核心決策機關。此等委員會由來自歐洲中央銀行、歐元體系的各國中央銀行及其他不同主管機構的專家組成。至於不屬於歐元體系的國家，只要委員會議程上安排討論事宜屬於常務委員會的職責範疇，獲特別任命的專家則獲准參與委員會的會議（European Central Bank, 2006, p. 19）。

（三）歐元體系

歐元體系由歐洲中央銀行和已採用歐元的歐盟成員國的國家中

央銀行組成，基本上有四個主要任務：

- 界定、執行和實施歐洲中央銀行管理委員會通過的貨幣政策
- 進行外匯業務
- 管理歐元區國家的官方儲備
- 增強支付系統的簡易操作

歐元體系的主要目標是確保價格穩定，按管理委員會的定義便是「歐元區的消費物價按年增長少於百分之二」，以及支持歐洲共同體通過的經濟政策。此外，歐元體系也負責進行金融監督和諮詢，以及仔細編制統計數字和數據。

歐洲中央銀行與歐元區各國的中央銀行有權在認為有需要時決定和執行貨幣政策。從以上各主要機構的自主權來看，職能上的獨

立是歐元體系的重要特點。

（四）貨幣政策策略

於一九九八年十月十三日，歐洲中央銀行公佈其貨幣政策策略，策略一共可分成三個部分。首先，貨幣政策策略規定了價格穩定的定量定義，強調歐洲中央銀行對維持價格穩定的堅定承諾，這點已載於《歐盟條約》內。第二，策略等同一個框架，確保管理委員會考慮和評估所有對以前瞻性方式作出貨幣政策，決策是必不可少的相關資料，達致維持價格穩定的最終目標。在作出任何貨幣政策決策前，都會先進行經濟和貨幣分析，然後再互相核對方可。第三，策略也提供一個概要，說明貨幣政策決策應如何以透明和清晰的方式向公眾公開，理想的情況是增強公信力。

【圖九】歐元體系

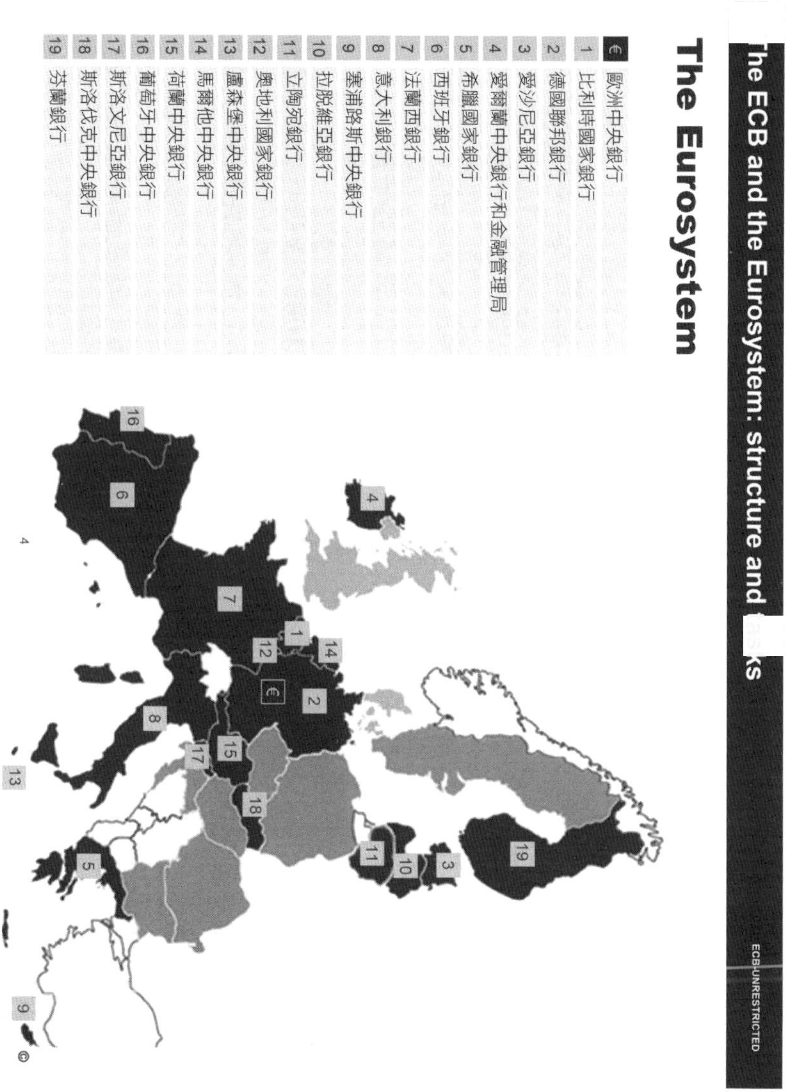

資料來源：Sturm, M. (2019). The ECB and the Eurosystem: Institutional Structure and Governance. 13th ECB Central Banking Seminar: Monetary policy in the euro area. https://www.ecb.europa.eu/pub/conferences/shared/pdf/20190701_CBS2019/ecb.CBS2019_Sturm_The_ECB_and_the_Eurosystem_institutional_structure_and_governance_presentation.en.pdf

更全面來說，此策略還用以制定內部的決策過程。換句話說，所制定的策略促成了一個與維持中期價格穩定相協調的系統性政策回應方法。然而，加斯帕爾（Gaspar）認為，公佈以穩定為導向的貨幣政策策略是另有目的。據他說，這樣做是為了減少策略的不確定因素（Gaspar V., 2001, n.p.a.）。

為確保中期價格維持穩定，歐洲中央銀行必須能夠影響貨幣市場的狀況，從而影響短期利率水平。在追求價格穩定的同時，歐洲中央銀行還決心將中期通脹率保持低於百分之二，但接近百分之二的水平。這表明，歐洲中央銀行致力提供足夠的安全範圍，以防範通縮的不利風險。

（五）貨幣政策工具

歐元體系的運作框架，或基於控制非常短期的貨幣市場政策而實施政策的方法，為歐洲中央銀行的貨幣政策和全球貨幣市場提供重要的連繫。貨幣政策的傳導機制始於歐洲中央銀行對流動資金的管理，以及對短期利率的引導。

事實上，貨幣市場作為金融市場一部分，在歐元區貨幣政策決策的傳導中被賦予決定性的作用絕非偶然。這確實是因為當貨幣政策出現任何修正時，這個市場將首當其衝。一個深度整合的貨幣市場是執行有效貨幣政策必須具備的條件，不然在歐元區內很難實現均一水平的短期利率和分佈平均的中央銀行流動資金。引入歐元幾乎立即符合了這一先決條件，各國貨幣市場因此迅速並順利地融入有效率的歐元區貨幣市場。

為引導短期利率，歐元體系的運作框架有一套三個的核心政策工具可供使用：（1）準備金要求、（2）經常性融資便利（standing facilities）及（3）公開市場操作。公開市場操作為市場提供流動資金，以換取合資格抵押資產，主要是透過附買回協議（repurchase agreement）進行。經常性融資便利實際上有兩種：邊際貸款便利（marginal lending facility）及存款便利（deposit facility）。前者允許信貸機構以合資格資產從各國中央銀行獲得隔夜流動資金；後者則可由同一信貸機構用於向歐元體系內的各國中央銀行存款。兩項便利一同透過提供和吸收流動資金，為隔夜市場利率設定界線。最後，準備金要求（即信貸機構須將若干百分比的客戶存款，存入相應國家中央銀行的存款賬戶中，而歐元體系會就該筆款項支付短期利率）是用於穩定貨幣市場利率，因此在銀行體系中產生和增加結構性流動性赤字（European Central Bank, 2006, pp. 21-22）。

第四章

歐洲聯盟擴大

經過先後幾輪的擴大，歐洲聯盟至今有二十七個成員國。歐盟作為一個經濟、政治和社會的聯盟，嚴重倚賴其適應能力和靈活傾向。歐盟的特定需求，例如對勞動力、天然資源、土地或使用海洋的需求，都可被視為歐盟擴大進程的合理理由。另一方面，作為一個國家體系，如斯擴張所帶來的影響應先經過深思熟慮。

---

22 請注意，此地圖上未有列明克羅地亞於二〇一三年加入歐盟，成為歐盟第十八個成員國。

【圖十】歐洲一體化及入盟的歷史 22

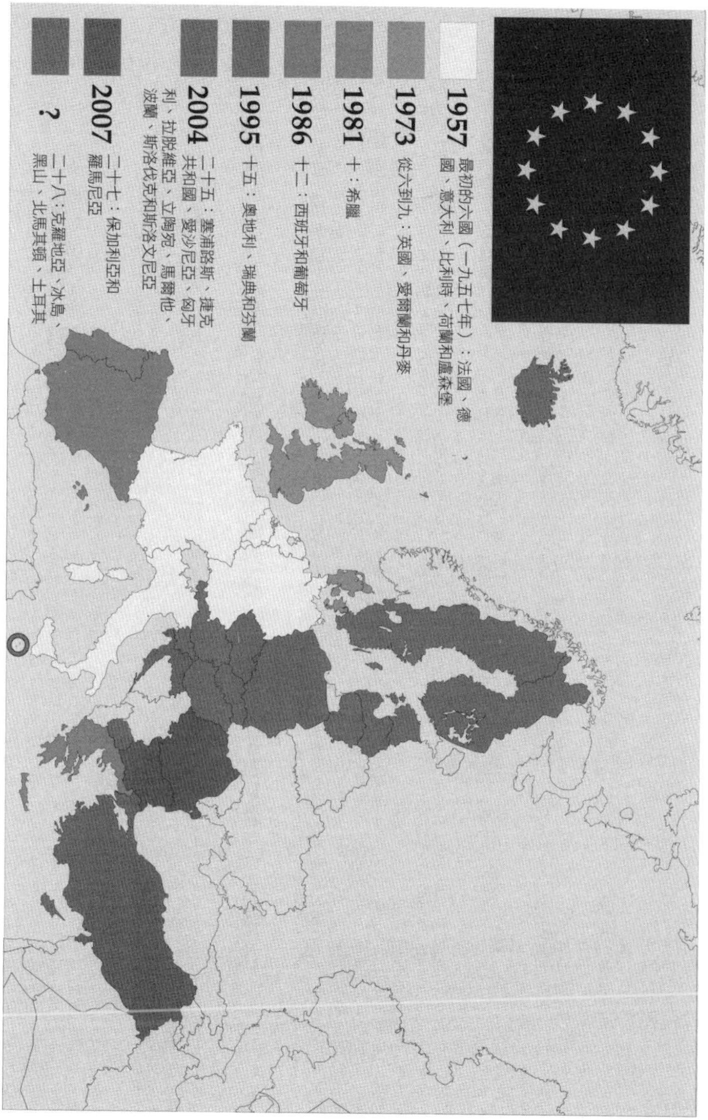

資料來源：Júlio Reis, CC BY-SA 3.0 <https://creativecommons.org/licenses/by-sa/3.0>, via Wikimedia Commons

4.1 哥本哈根標準

一九九三年，歐盟舉行哥本哈根歐洲高峰會（Copenhagen European Council），於是次會議訂立了一些二國為了成為成員國必須符合的基本標準。問題不再是是否，而是何時會有更多國家加入共同體。從政治角度來看，候選國須要展示穩定的制度，確保民主、法治、人權，以及尊重和保護少數群體。經濟方面，這些國家必須保持市場經濟正常運作，同時維持應對歐盟內競爭壓力和市場力量的能力。此外，接受共同體既有法規（acquis communautaires），即有能力承擔成員的責任，包括堅守政治和經濟（包括貨幣）聯盟的目標也極為重要。

此等標準其後於一九九五年的馬德里歐洲高峰會（Madrid European Council）獲提高。

4.2 二〇〇四年的擴大

二〇〇四年五月一日是歐盟歷史上另一個里程碑。經過漫長的談判過程，加入歐盟成為新成員的國家不少於十個，是有史以來規模最大的一輪擴大。在是次大規模擴大之前，最近期的一輪入盟談判於一九九八年展開，於二〇〇二年的哥本哈根峰會上完結。二〇〇三年在雅典簽訂的《加入條約》（Accession Treaty of Athens）

及同年生效的《尼斯條約》均為目前為符合哥本哈根標準而作的努力畫上句號，正是歐盟成員國新時代的開始。

所以，歐盟於二〇〇四年迎來新的成員國：塞浦路斯、立陶宛、捷克共和國、馬爾他、愛沙尼亞、波蘭、匈牙利、斯洛伐克、拉脫維亞及斯洛文尼亞。

此外，大概於同一時間，羅馬尼亞和保加利亞的入盟談判啟動，而土耳其的入盟狀態也被重新調查，因為此問題自土耳其成為候選國後一直未有解決。

當時的輿論沒有忘記大部分最新加入歐盟的國家都是東歐國家這個事實。雖然擴大被認為有潛力令現有成員國的經濟迅速增長，但有關這方面的批評，源於有看法指此等新加入國家的經濟表現較難預測。這樣一來，有人便問，該等國家若進入一個如歐盟般競爭激烈的經濟環境，會帶來甚麼潛在影響，該等國家又是否能夠以持續的方式發展。儘管歐盟利用經濟援助來促進這些發展是理所當然，但應反思在此情況下這些經濟援助是否足夠，以及是否可取。無論如何，歐盟都考慮建立一個「層疊式」或分層的系統，以便讓一些新加入的成員國分組參與歐盟計劃的某些部分，例如是自由貿易區（但不包括單一貨幣）克服伴隨而來的經濟風險。

另一方面，新成員國最擔心的是勞動力可能會流失到其他歐盟成員國，因為「歐盟十五國」的生活水平較高，而這正是其他國家加入的直接影響。儘管各國第一步都沒有計劃完全開放邊界（只有瑞典、愛爾蘭和英國立即開放了勞動市場），但可見勞動市場的確很快便發生巨大變動。

然而，於二〇〇四年加入的成員國也受惠於外國直接投資。大量外資不僅自其他歐盟成員國流入，還來自其他歐盟外的國家，這表明其他國家對投資新成員國的興趣與日俱增。同時，歐盟的重新分配資金計劃（fund redistribution programme）為其主要淨受益國家，即愛沙尼亞、波蘭和斯洛伐克的預算案作出巨大貢獻。因為稅收及價格規例經已採用歐盟標準，所以消除貿易壁壘無疑有助於農業生產的整體增長和國內生產總值的增長，以及降低整體通脹。有鑑於此，似乎可以肯定地說，如果新成員國可以像愛爾蘭、西班牙和葡萄牙般，在入盟後徹底縮小與西歐經濟相比尚存的差距，那麼歐盟在世界經濟中整體所佔的比重甚至可以更大。

4.3 二〇〇七年的擴大

應該這樣說，羅馬尼亞和保加利亞的入盟談判進程，最初並未如二〇〇四年加入的成員國那樣直接簡單。最重要是因為兩國在符合經濟標準和將共同體既有法規，納入各自的國家法律方面均遇上嚴重問題。因此，最終與保加利亞和羅馬尼亞簽訂的條約內包含數項保障條例，規定兩國如果不履行各自的改革義務或在不能符合入盟條件的情況下，需延遲入盟。

同時，執委會准許兩國繼續啟動必要的改革，以符合歐盟的要求，規避因進一步暫停兩國入盟而可能產生的未知危險。後者於二〇〇七年一月一日生效。兩國入盟使歐盟的成員國增加至二十七個，結束了中歐和東歐國家的入盟程序，共同體藉此結束了歐洲大陸的分裂。

4.4 《尼斯條約》

《尼斯條約》於二〇〇一年二月二十六日由歐盟各國代表簽訂，並於二〇〇三年二月一日生效，主要的目的是對歐盟的體制架構進行改革，以令歐盟能更有效應對近期的東擴。條約旨在於有需要時間接修正《馬斯垂克條約》（即《歐洲聯盟條約》）和《羅馬條約》

（即《歐洲共同體條約》，Treaty of European Community）。

就《尼斯條約》而言，核心的討論問題是歐盟內投票制度的改革。直至當時為止，德國等人口稠密的國家擁有具代表性的票數，這於當時來說絕對合理。然而，隨著有新成員國加入歐盟，有些成員國堅持採用雙重多數制（double majority）的投票制度，而其他則堅持採用象徵均等（symbolic parity）的選票（如法國）。似乎達成妥協的唯一方法，是將歐洲議會的議席增至上限，即七百三十二個，並以成員國和所投票數的雙重多數制取代特定多數決（Qualified Majority Voting）的制度。成員國也可以選擇要求核實投「贊成」票的國家確實代表著足夠比例的歐盟人口。

《尼斯條約》經常被視為《阿姆斯特丹條約》的後續，因當中涵蓋很多《阿姆斯特丹條約》未能解決的問題。然而，《尼斯條約》仍有不足，那就是它無法完成對歐盟整體體制改革的磋商。此外，有關在條約中加入和應用《基本權利憲章》（Charter of Fundamental Rights）的問題，各國代表未能達成共識。在尼斯的談判過程中變得越發明顯的是，歐盟的領導層既沒有訂定大方向，也沒有一個充分得到各方接納可予實施的整體計劃。

同時，更為明顯的是，此等條約的批准不再取決於歐盟公民的投票，因為是由公民代表作出決定。在此方面，愛爾蘭民眾於二〇〇一年六月拒絕批准《尼斯條約》，就是不滿的選民發出的強烈抗議，也是這種轉變的相關例證。

【圖十一】歐盟東擴

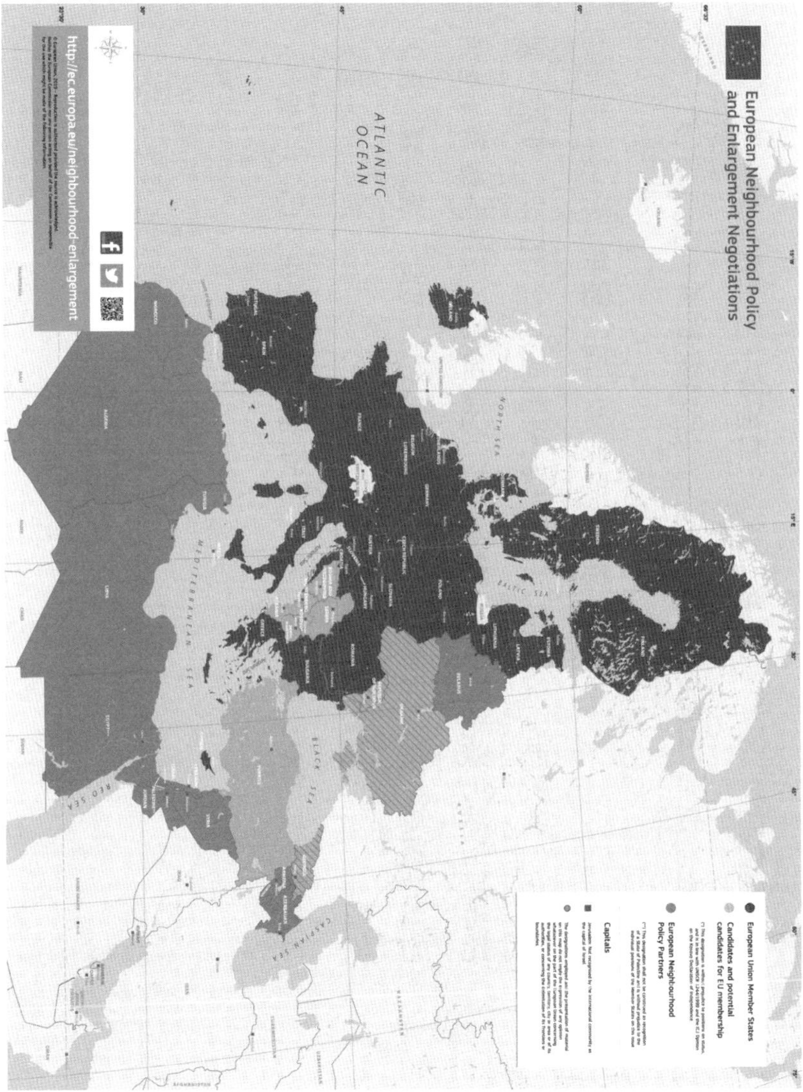

資料來源：European Union, http://ec.europa.eu/neighbourhood-enlargement

4.5 二〇一三年的擴大

繼二〇〇四年的一輪入盟之後，歐洲聯盟隨著克羅地亞加入再次擴大。克羅地亞於二〇〇五年進入入盟談判，於二〇一一年簽訂《加入條約》，並於二〇一三年正式成為歐盟成員國。克羅地亞的加入令歐盟成員國的數目達到二十八個，創下的紀錄仍然是無可比擬。此後，再也沒有其他國家加入歐盟，正如下一節所載，在二〇一三至二〇二一年間出現了某程度上屬相反的程序。

二〇一三年，塞爾維亞開始入盟談判，因而獲得與另外兩個候選國，即土耳其和黑山（分別自二〇〇五年和二〇一二年開始談判）

相同的身份。此外，隨後於二〇一五年，獲考慮准予加入歐盟的候選國名單包括阿爾巴尼亞、波斯尼亞和黑塞哥維那、前南斯拉夫馬其頓共和國及科索沃，將準成員國的總數進一步增至七個。每個準成員國當然都處於不同的入盟階段，並且有不同次序的目標和要求（仍然）需要在正式加入前達成。入盟談盟的時間長短和內容每次都會有所不同，取決於每個候選國對歐盟所有政策範疇的立場，以及對於將歐盟的法律和其他規則納入國內法的取態，儘管首要條件對每個候選國而言都是一樣。候選國一旦達到了所有（通用的）歐盟基準，該特定國家的談判便會終結，使該國可進入下一階段，簽署《加入條約》並正式成為會員國。

就二〇一四至二〇一九年的政治議程而言，在執委會主席容克（Jean-Claude Juncker）的領導下，雖然待決國家的入盟進程似乎並未符合高度優先處理事項的資格，但對擴大的討論近年重新出現。該等討論不僅在政府高層間進行，也在目前大眾的談論中佔一席位。的確，隨著歐盟多年來的發展和建構，大眾逐漸感到較大興趣和擁有更多發言權。一體化的擴大拉近了歐洲聯盟與歐盟公民的距離，反之亦然。鑑於普通公民的參與程度越來越高，而且越來越有主見（可能達到就某一議題要求進行公投的程度），與歐盟成立初期不同，在策略方向和歐盟成員資格方面的民主化與歐盟未來的發展息息相關。這成為下一輪擴大是否可取和可行的一個考慮因素。

就這一點，值得強調的是，當審視一般民意與各國代表的一些考量時，擴大前景未必無限。目前的討論包含了不同的觀點，包括圍繞經濟表現和競爭的功利主義論點、會員成本的潛在增長、人口遷移和就業市場（「硬」因素），以及文化和諧、身份和價值取向（「軟」

因素）。在不試圖就此事得出任何結論的情況下，我們將提出一些根據歐洲晴雨表（Eurobarometer）提供的數據而生成的指示性趨勢。

自一九七〇年代以來，此工具一直被用來了解大眾對歐盟一體化和擴大的意見。儘管根據歐洲晴雨表顯示，截止二〇〇六年，在增加了十二個成員國的最大一輪擴大後，有大比數，即百分之五十三的歐洲公民支持擴大，但於二〇一七年則只有百分之四十九的人仍然支持進一步擴大。一般認為，在二〇〇四年的大規模擴大後出現了「擴大疲勞」，導致民眾的支持（暫時）下跌，可能表明需要跟上最近一輪擴大所帶來相當重要的影響和改變。

4.6 歐盟擴大的含意

歐盟隨著擴大和十個新成員國加入，在許多方面都發生了改變。最值得注意的是，它擴大了市場能力，因此獲得經濟實力。由於需要將新成員國較差的經濟表現考慮在內，所以平均表現被削弱。此外，歐盟擴大造成新的勞動力、新的消費者和新的納稅人流動。歐盟擴大了領土，將邊境東移至俄羅斯，南移至土耳其，即另一個入盟的候選國。歐盟藉此在政治和經濟兩方面都擴大了影響範圍，這可被視為歐盟邁向「世界角色」的最後一大步。

4.7 可變幾何方法

事實上，以不同速度運作並不是一個新穎的想法。早於一九七〇年代，此方法便已經出現，一方面是為了減少德法對全面一體化和擴大方向的分歧，另一方面是為消除英國、愛爾蘭和丹麥的懷疑態度。因此，「雙速歐洲」成為一個有力的論據，特別是有關擁護貨幣聯盟方面。換句話說，若為尊重不同能力和具體經濟地位，而允許不同成員國採用不同的步伐，那麼一般經由貨幣聯盟來擴大共同體的想法，便可得到較好的理解和較廣泛的接納。《貨幣統一協議》（Monetary Unification Agreement）的出現便會將之實現和付諸實行。

新的狀況有兩個主要好處：首先，對德法而言，這意味著他們可以保持一致，長遠來說可以繼續追求相同的一體化目標；其次，就貨幣聯盟而言，這使部分國家獲准解除封鎖，並為其他國家帶來更多成員，相等於更廣泛的共同體共識，以及促成一個更緊密和更大的聯盟。一九八〇年，歐洲議會經濟和貨幣事務委員會（Economic and Monetary Commission of the European Parliament）主席德洛爾主要將可變幾何的概念，用作維持英國利益的實際方法，因此令可變幾何的概念成為一體化進程中不可或缺的一部分。另一位歐洲領導層巴爾（Raymond Barre）其後也認為此方法能夠普及，以便容許其餘國家按自己的速度向持續和更深層次的一體化邁進。

在冷戰和蘇聯迅速意外解體的背景下，《歐洲單一法案》於一九八六年簽訂，鞏固了共同體內大眾對一個共同方向的看法，以及對進一步和更深層次一體化日益增長的渴望。蘇聯集團解體後，隨著東方和波羅的海的國家獨立，新的政治環境為新的合作格局和議程上的新事項奠下前設。西方和歐洲的國家看到與戰敗和新獨立的國家接觸，並進一步鞏固，即擴大歐盟的機會，同時仍繼續追求縱向深層發展。[23]在馬斯垂克峰會（Maastricht Summit）的事前討論中，隨著對這些新預測的探討，大家很快便明白，繼續同時擴大和深層次發展新架構實際上也許不可行。他們逐漸意識到，需要為新成員國提供平等機會以實現完整的一體化，以及需要考慮這些成員

23 歐盟更深層次的發展經常被描繪成縱向的過程（指成員國之間的一體化增強），與橫向的擴大相反（指新成員國加入和歐洲一體化的地理範圍擴大）。

國在抱負、能力、利益和發展步伐方面的特點。

上文正好說明了由數種幾何組成的模型，轉變成幾個不同一體化程度的選項，以容許地理上的擴展的最佳用途和後續應用。

歐洲可以接受一個或多個成員國減損，使共同體法律的整合產生差異，以便追求深層次一體化這最終共同目的，這個想法其後在一九九二年簽訂的《馬斯垂克條約》中實現。條約確實為英國和丹麥列有一條「選擇退出」條款。此外，馬斯垂克峰會還介紹了聯邦主義模型內三柱架構的想法，藉此達致再向前邁進一步的目的。然而，由於種種原因，這一體化進程中雄心勃勃的最後一步未能實現，使得可變幾何的核心概念仍然存在，而且具可行性，這與聯邦主義計劃不同。

此方法透過為所有成員國簡要制定兩條通往一體化的主要路徑，在一九九〇年代付諸實行。第一條路徑的對象是該等已經符合標準、採用單一貨幣及加入申根的成員國；第二條路徑的對象便是其他遵循逐步實現哥本哈根標準的國家。此外，始於一九九六年的擴大浪潮，也是被這種容許靈活性的新態度引起，這是可變模型的實際結果或衍生結果。

二〇〇六年的歐洲峰會（European Summit）進一步對相同的可變幾何方法進行討論，藉一條旨在於附加議定書中「永久合作架構」（Permanent Structured Cooperation）一項下將原則納入和進行界定的法律條文，將這個方法包括在《歐盟憲法》（European Constitution）的項目中。

此原則最初是作為一種工具，用於克服歐洲成員之間的差異，以及為建設中的超國家歐洲調和兩大核心的分歧，使超國家歐洲得以持續發展。其後，此原則變成了歐盟精髓的象徵，示範了歐盟的適應機制。

第五章

歐洲聯盟的現代發展

5.1 歐洲聯盟的挑戰

面對全球化現象帶來的急劇改變，歐盟的其中一個關注重點是促進增長。當談及應對世界上發生的迅速轉變時，便不得不提《歐盟憲法》草案經通過後，本質上是旨於改善歐盟在經濟方面的治理。

提高歐洲的經濟增長潛力是一項重大的挑戰，被列為歐洲執委會的其中一項首要任務。此外，全球經濟的當前發展及金融危機令此項挑戰變得更為重要。科技急速進步帶來的影響，以及在生產和貿易中引發的根本改變，導致全球經濟活動的分佈失去平衡。這些無法避免的趨勢為歐洲帶來了機遇和挑戰。一方面，在新興市場快速增長的機會正在改善，加強全球貿易、需求和財富。另一方面，世界經濟的挑戰和更大程度的一體化帶來激烈的競爭：既有中國和印度等低成本經濟體，也有如美國般由創新驅動的經濟體。因此，歐盟必須立即並有效地應對，因為提高其低迷的潛在增長率，不但使歐洲受益，而且整體上對減低世界經濟失衡有正面的影響。

5.2 《里斯本條約》

二〇〇七年簽訂的《里斯本條約》最顯著的特點是修改了投票制度，達致一個更有效的決策過程，以及增加了歐洲議會在立法過程中的參與程度。一種新的代表形式則以設立歐盟主席（President of the European Union）及外交事務代表（Foreign Affairs Representative）產生。最後，《基本權利憲章》[24]將具法律約束力。

為了以最佳狀態適應和迎接未來的挑戰，歐盟的體制會進行「翻新」。改變包括：

- 一名外交和安全政策高級代表（High Representative for Foreign Affairs and Security Policy），使歐盟對外交政策的看法越趨一致

24 歐盟本身的基本人權官方目錄。

【圖十二】二〇〇八年時《里斯本條約》的批准情況

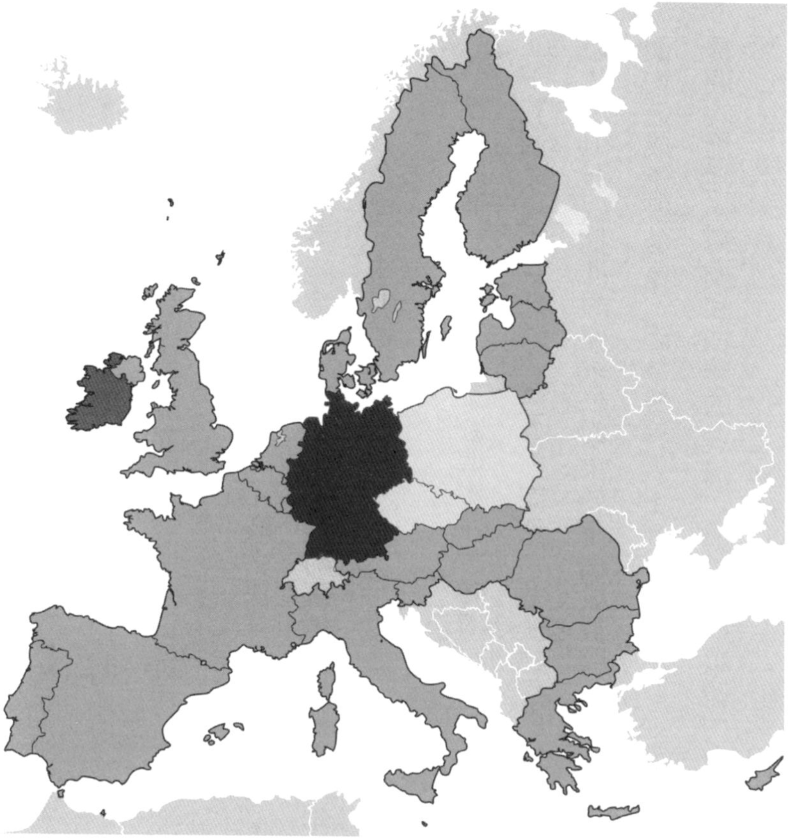

■ 已批准和交存：二十三國　　■ 尚待批准：波蘭、捷克共和國

■ 已批准，尚未交存：德國　　■ 愛爾蘭

資料來源：Treaty_of_Lisbon_ratification-2009-23-09.svg: *Treaty_of_Lisbon_ratification.svg: S. Solberg J.derivative work: Lesihc (talk)derivative work: Lesihc, Public domain, via Wikimedia Commons

- 一名全職的歐洲高峰會主席，負責統籌和主持歐盟峰會會議
- 各國議會在歐盟活動中發揮更具決定性的作用
- 在部長理事會內實行新的投票制度，以進行更有效的決策

儘管愛爾蘭最初於二〇〇八年時否決條約，但條約必須得到所有成員國批准方能生效，故此舉令條約暫停實施將近一年，而現時條約已獲全部二十七個成員國批准。

就現狀而言，當提及《歐盟憲法》時還可看到一股傾向。雖然二十五個成員國（此時）已全部同意，並於二〇〇四年在羅馬簽署憲法，但一致批准的要求仍取決於每個成員國。這在政界和大眾層面均造成不安氣氛，因為政界人士被置於無法（或不願）回答民眾提問的境地。荷蘭和法國的否決，清楚表明歐盟內有需要進一步反

思憲法，以及有必要進一步制定新的憲法形式。

5.3 《歐盟憲法》

《歐盟憲法》和憲法內容是歐盟一個很可能會被持續激烈討論多年的議題。歐盟遠大的抱負和首次出現的憲法應當被強調，尤其是為了歐盟的未來，儘管此話題似乎會觸痛很多因各自原因而反對憲法的人，而且反對憲法的人數也相當多。

憲法本應代表著任何國家的司法、立法和行政制度，以及人權和公民權利等基本要素，也就是一國的基本原則。為何這樣一部憲法會引起許多如此不同的反應、觀點和意見，這個問題值得深入研究。

以下章節中，作者會審視一些反應和意見，從中闡述有關《歐盟憲法》的當前事實。章節的最後會對《歐盟憲法》嚴謹評價，主要針對不久將來可能由憲法而生的變化。

（一）憲法的內容

《歐盟憲法》（又稱《歐盟憲法條約》，Treaty establishing a Constitution for Europe，TCE）由各成員國代表於二〇〇四年在羅馬簽訂，本質上是要完全取代現有該套重疊的條約（《馬斯垂克條約》、《阿姆斯特丹條約》、《尼斯條約》）。如此一來，它將容許建立新的代表形式，以及全面實施備受讚譽，但過去因荷蘭和法國反對而直至二〇〇〇年代初都無法實行的《歐洲聯盟基本權利憲章》（Charter of Fundamental Rights of the European Union）。因此，二〇〇四年簽訂的《歐盟憲法條約》應當與歐盟的其他條約區分，因為前者是唯一一條有包含附加法律文書（即《基本權利憲章》）的條約。

在各項使命中，《歐盟憲法》還代表著向簡化立法程序和術語，以及減少歐盟法律文件數量邁進一步。然而，矛盾的是，憲法中使用了「有時過於複雜」的公式化表述，使之晦澀難懂，因此變得頗為不受歡迎。

《歐盟憲法條約》項目提議真正整合所有政策領域的法律文件（如先前的條約所載），為此闡明了一個框架：

- 歐盟法（European Law）指「歐盟規章」（European Regulations）和「決定」（Decisions）；
- 歐盟框架法（European Framework Laws）指「歐盟指令」（European Directives）和「框架決定」（Framework Decisions）；
- 公約（Conventions）則由上述任何一個用語取代

憲法也規定了一個新的代表職位：歐盟的外交事務部長（Minister for Foreign Affairs）。此職位的職責其實是將對外關係執委（Commissioner for External Relations）和共同外交與安全政策高級代表（High Representative for Common Foreign and Security Policy）兩個職位目前的職能合併。此外，憲法也界定和限制歐洲高峰會主席和部長理事會主席的職責權限，未來也會將歐洲執委會的執委人數由二十七名減至十五名（成員國代表）。

其他藉《歐盟憲法》啟動的重點，還包括有關議會決定和歐盟預算案的透明度等例子。此外，進一步的一體化計劃，雖然可被視為對未來的發展有幫助，並應予推動，然而要成功實行一體化計劃，主要有賴持續改革歐盟至現今模樣的努力。

（二）評價和批判性觀點

由法國前總統，即時任歐盟制憲大會（European Constitutional Assembly）主席季斯卡起草的憲法，旨在將先前在經濟關係方面已經實現的一體化擴大至政治層面，藉此成為歐洲一體化過程中的「高峰」。

歐洲以至每個成員國的影響力都因為憲法而有所提升，能夠在世界舞台上佔一席位，擔任領導的角色，與美國公平對壘。然而，法國和荷蘭的民眾有不同的決定。

到底法國和荷蘭是反對歐盟這個概念，還是只是拒絕被束縛在一個框架這個想法？這個框架可能僅僅因為目前和未來的幾何結構，再無法同樣地重視個人利益。

作者確信，反對擬定的憲法當然並非反對歐盟本身和歐盟價值整體理念，反而是法國和荷蘭的民眾與歐盟進一步大範圍一體化的建議劃清界線。從他們的角度來看，至少目前是足夠了。

歐洲外交關係協會（European Council on Foreign Relations）主任雷納德（Mark Leonard）強調，法國和荷蘭的反對票很大程度是受到憲法沒有包含任何歐盟專責的議題（即貿易自由化、貨幣政策、對環境進行技術監管、消除非關稅壁壘、對外援助和一般外交政策協調）所影響。這表示，上述的工作都是歐盟的主要議題，對選民來說極為重要。然而，這些議題在制憲前的討論過程中被忽視，以及沒有被保留成為核心主題，導致政界人士嘗試向公眾宣傳和為憲法拉票時陷入窘境（Leonard, 2005, p. 89）。

法國和荷蘭會對憲法投下反對票實在不足為奇，特別是人盡皆知天生便有很高的民族自豪感的法國。兩國都是歐盟六大始創國，也是目前入盟時間最長的成員國，法國和荷蘭的公民顯然為新憲法可能會造成的影響，以及明顯可見的複雜程度感到擔憂。他們擔心自己的國家會在歐盟中大大失去影響力，從而被推到一個較弱的位置。因此，當面對國家即將會被削弱的情況，也即是某程度上可被視為將決定自己未來的權利拱手相讓時，選民都表明了的立場，反對憲法。

（三）憲法為何重要？

擴大後的歐盟需要藉推行共同的憲法來調整治理機制。新憲法不僅代表歐洲一體化進程跨進一大步，也為歐盟公民及成員國帶來實際益處，整體改善歐盟機構的運作方式。它還補充說明職能的分配和簡化決策程序。此外，我們不要忘記，穩定價格是歐盟整體目標之一，也是可持續發展概念的基本部分，對於完善歐盟內部尤其重要。事實上，憲法同時強調，成員國應各自協調經濟政策，而歐盟機構則負責實施和協調安排。這當顯著改善歐盟成員國在貿易方面的合作。憲法終究旨在為歐盟在經濟治理和政界的未來發展，分別提供更清晰並可持續的框架。

政治角度

批准憲法將容許歐盟在外交代表的問題上取得進展。誠然，多次得出的結論都是歐盟未能在國際舞台上發揮與其經濟實力相稱的作用。大眾因而認為，只有成功通過會令歐洲一體化提升至全新層面的憲法，歐盟才能繼續在世界經濟中發揮應有的作用，並繼續在塑造和穩定國際經濟體系方面發揮領導能力。

假如歐盟無法在不久將來進一步實行歐洲一體化，成員國似乎會有更大機會被新的全球危機摧毀。伊拉克危機便是一個有力的例子。這個不明確的挑戰削弱了歐盟的實力，而非授予歐盟權力。由於歐洲當時的立場無法統一，故此分成了兩個陣營：一方面是「親戰」的國家，包括支持布殊的預防性戰爭（preventative war）方針的英國；另一方面就是德國和法國等反對任何軍事行動的「反戰」

國家。雖然這無疑令到歐洲內相關國家的關係惡化，但必須承認，這對跨大西洋關係的影響可能比實際情況更為嚴重。

制憲的意念是，包含了單一外交政策的共同《歐盟憲法》會確保歐洲單一的對外聲音。從這個角度來看，無論何時出現意見分歧，問題都會在歐洲議會內討論，然後以全體投票方式解決，藉此向外界表現出一個團結的歐洲。

經濟角度

與《歐盟憲法》相關的最重要經濟議題便是共同貨幣，即歐元（€）的發展。如果歐盟成功使歐元被接納為第一大貿易貨幣，歐盟作為全球經濟領袖的地位肯定會獲得支持。雖然目前全球三分之二的黃金儲備是以美元持有，但有數字顯示，貨幣已經有轉向歐元的趨勢。[25] 同樣地，許多國家已經開始大幅增加歐元存款，當中包括俄羅斯和中國等世界大國。

這表明，歐元與其最大對手貨幣美元（USD）相比，似乎能夠有更穩定的表現，尤其在環球金融危機時期，而美元受到二〇〇八年的金融危機影響，目前仍在復甦當中。此外，鑑於在金融危機期間有大量外國投資消失，長久以來似乎可以抵擋所有外在影響的美

---

25 在過去十年，以歐元計價的黃金儲備已增至接近五百〇五噸，而二〇一四年只有不到五百〇二噸（https://tradingeconomics.com/euro-area/gold-reserves/）。布魯金斯學會（Brookings Institution）最新發表的另一份報告證實，在二〇〇七年至二〇一九年間，美元在全球外匯儲備中所佔的份額整體下跌了百分之二，相反歐元則上升了百分之六。

國，經濟實力也已經受到嚴重破壞。這個形勢為歐盟製造了一個繼續提升歐元表現，引發世界金融市場改變，由美元真正轉向歐元的重大機會。

歐元是否能夠在世界舞台上取代美元的問題在此刻出現。美元市場在全球無疑有更廣更闊的覆蓋率。與此同時，那些將本土經濟與美元掛勾的國家，在某程度上在軍事或經濟方面也順帶依賴美國。美國反過來運用自身的影響力，在這些國家周圍建立一個金融和經濟的網絡。同樣值得考慮的是，美元市場因為有一個非常淺顯的控制系統，所以相比歐元市場更具流動性，而歐元市場實際上是以一個更嚴謹的控制系統為基礎（關於這一點：《歐盟憲法》旨在實行金融控制系統）。

另一點需要強調的是，美國和歐盟在政治影響力方面普遍存在的差距。一旦出現軍事或安全問題，美國事實上總是處於更有利位置。這也解釋了為何美國的政治影響力或「優勢」會根據其軍事行動而有所不同。然而，同一時間，這種進取的政策換來了新一代的金融市場。可是，美國將從本世紀中葉開始逐漸衰退（Friedman, 2008）。

5.4 歐盟的能源情況

歐盟由於缺乏天然化石資源，所以大量依賴石油及天然氣進口。為保障能源供應，歐洲執委會推出所謂的「能源行動計劃」（Energy

Action Plan），旨於二〇二〇年時實現確保能源供應、減少對外界的依賴和氣體排放，以及提倡使用可再生能源的目標。

準確來說，執委會於二〇〇七年一月十日通過了一個有關歐洲新能源政策的計劃，以實現能源必須成為歐盟所有對外關係的重心為中心。隨後，歐洲高峰會於二〇〇七年三月議定一個兩年（二〇〇七至二〇〇九）的行動計劃，當中提出了擴大和加強歐盟國際能源關係的建議。

儘管如此，能源政策和相關決策的對外部分，始終是屬於歐盟成員國外交和技術部門的職能範疇，即一般而言屬於國家主權事宜。在實際層面上，這意味著成功實施往往是取決於歐盟內分佈不均的力量。

歐盟的共同政策是將若干項目留待各國政府自行實施。除了一些歐洲原子能共同體的標準外，歐盟成員國通常會有各自的內部能源供應計劃和策略。然而，某些項目是涉及所有成員的利益，與所有成員有關。因此，該等項目預計將以所有必要資源推動。可惜，至今為止所有的歐盟項目都並非如此。

二〇〇二年五月，歐盟成員國正式批准《京都議定書》。議定書包含具法律約束力的二氧化碳和二氧化碳當量排放目標，旨在應對及緩和氣候變化。《京都議定書》的整體目標是於二〇一二年時將全球溫室氣體排放量減少百分之五。減排應該是集體和按比例進行，即最大排放國應力求並實現最大的減排。目前，由於美國和中國，即全球兩大排放國並未有簽署議定書，議定書的重要意義定必被此現實相抵。除此之外，《京都議定書》的目標不僅包含排放上限，而且針對廢物和能源管理，以及森林保護方面的財政措施。不論其他簽署方如何，歐盟為履行其世界模範的角色，持續成功減少超過既定目標的排放量。

為實現《京都議定書》的目標，歐盟內有一個值得注意的方法，稱為「排放交易」（emission trading）。此方法容許未能達標的國家購買排放量，以資金作為交換。然而，我們應該問，此方法是否降低了該等國家對實現《京都議定書》目標的承諾。

第六章

歐洲聯盟的前景

6.1 最後一次擴大後的歐盟

歐盟在不久將來的形象很大程度取決於其應對危機局面的能力。歐盟必須能夠在危機處理中表現出團體精神，尤其是在經濟問題方面，因為歐盟似乎會反覆遇到實踐統一戰線的機會。

不論是高油價、環球銀行業不穩還是交易市場動盪，危機似乎一個接一個。克服這些障礙將決定歐盟未來的模樣。

關於最近二十一世紀的金融危機，[26]有人會認為，倘若歐盟繼續發展可持續經濟，並將重點集中放在穩定的貨幣基礎設施上，歐盟很可能從危機中獲益不少。事實上，歐盟所受到的打擊與美國一樣嚴重，其他國家則尚未感受到全部後果。歐洲的銀行受到在美國的子公司影響，反之亦然，結果導致銀行業幾乎陷入混亂，有些最大的銀行甚至立即申請破產。很多國家的政府都迅速決定對銀行業破產採取措施，防止趨勢蔓延，提供財政援助，以確保銀行的資金流動。

這場危機至少讓人觀察到一個關鍵：資本主義制度已瀕臨失敗的邊緣。由此可見，現在應由歐盟發揮積極作用，以可持續和合理的方式改革全球金融體系，以便滿足所有人的需要和防止經濟崩潰。

26 特別是二〇一〇至二〇一四年西班牙的次貸和房地產危機。

6.2 軍事角度

歐洲在過去經歷了一個世紀的衝突，顯示了人類借助應用物理學而可能造成的破壞。歐盟這項目本身就代表著藉和平解決衝突的方式，以及政治、經濟和社會一體化來積極處理這個歷史問題過程的高峰。然而，現今的全球權力動態（power dynamics）和戰爭演變有時至少需要考慮一下軍事的選項。

6.3 歐洲安全及國防政策

在過去幾十年，尤其是自冷戰結束後，歐洲和其他地方發生的大量種族暴力衝突令歐盟的政治家均面對一個問題，就是歐盟在有需要時應否採取軍事干預措施，處理歐盟範圍內外的種族暴力衝突；如果應該，那又該何時和如何干預？為應對鐵幕倒下後軍事和安全模式的改變，歐盟制定了《共同外交與安全政策》及之後的《歐洲安全與國防政策》（European Security and Defence Policy）。在二〇〇三年，歐盟公佈了歐洲安全策略（European Security Strategy），應對新的安全挑戰。

歐盟將衝突管理列為議程上其中一項優先處理事項，並於同年在馬其頓和剛果民主共和國開展首個《歐洲安全與國防政策》的軍事衝突管理任務。剛果任務是歐盟獨立執行的，與聯合國和北約的任務無關，所以意義尤其重要。

無論如何，《歐洲安全與國防政策》只是歐盟獲得所需軍事安全的一小步。

在這一點上，要強調的是，儘管烏克蘭並非集團成員，但歐洲仍然與烏克蘭持續進行安全協作和整合，這是過去十年間其中一個最大的挑戰。[27]

6.4 歐洲睦鄰政策

歐盟的第五輪擴大改變了歐洲的政治地理。隨著許多新機遇和新挑戰出現，歐盟更需要與東和南方的鄰國加強接觸，在不斷擴大的情況下，保持全球的和諧與平衡，防止因為經濟及／或政治不穩而造成的影響，以及促進更緊密的關係，因此合理地成為優先處理事項。

歐洲睦鄰政策（European Neighbourhood Policy）正是針對已擴大歐盟的鄰國（不包括實際已入盟的成員國）。它為鄰國的經濟和社會發展帶來好處，以刺激投資和增長，並最終為鄰國的內部市場和融入其他主要歐盟政策和方案做好準備。此制度因而以誘因為主，而非制裁，原先的構思是替代無止境，而且偶爾不太合適的擴大。就內容而言，歐洲睦鄰政策的政策和策略涉及三個問題：邊界管理、

---

27 雖然非集團成員的身份，嚴格來說阻止了烏克蘭加入全球安全聯盟，但發展其他的合作形式，從而使烏克蘭在安全策略方面與歐盟維持和諧關係，這仍然是至為重要。

民主促進和衝突管理。

參與此項政策方案的國家包括所有非洲和亞洲的地中海海岸國家，以及在高加索和東歐的歐洲獨立國家聯合體（CIS）國家（除了俄羅斯和哈薩克斯坦）。至今，歐洲睦鄰政策已有共十六個合作國家。

值得注意的是，這場始於二〇〇〇年代初的歐洲睦鄰政策運動，並非歐盟首次嘗試制定策略，推動睦鄰關係。事實上，一九八九年建立的歐洲經濟區（European Economic Area）旨在允許單一歐洲市場（Single European Market）擴大區域至部分歐洲自由貿易協會國家。儘管它並沒有正式授權上述國家參與所有相關的過程，但得出的投入程度卻比最初預期的高，而這些國家在數年後也全面加入，並且反過來考慮，相比這「中間」政策，她們可能希望進一步付出更多。

普遍對歐洲睦鄰政策在二十一世紀的重要性之意識，也可藉憲法草案說明。事實上，早前提出的憲法條約草案載有一條「歐盟及鄰國」專用的新條款。此條款強調與鄰國發展「特殊」關係，打造繁榮空間的可取之處。為此，法律文本規定了達成特定協議的可能，承認睦鄰政策是歐盟目前和未來一個獨特和主要的對外政策範圍。

歐洲睦鄰政策於二〇一一及二〇一五年進行了兩次修訂，更有效應付自推出以來出現的挑戰，當中不得不提及俄羅斯與格魯吉亞的衝突、亞拉伯之春和中東難民危機。此等修訂藉擴大經濟支持，顯著加強了民主促進的部分，並且加深了為確保穩定和可持續發展，而需要對夥伴國作進一步區別和提供針對性援助的理解。

俄羅斯決定不擁護也不接納歐洲睦鄰政策，而是同意在一個名

【圖十三】歐洲鄰近地區地圖

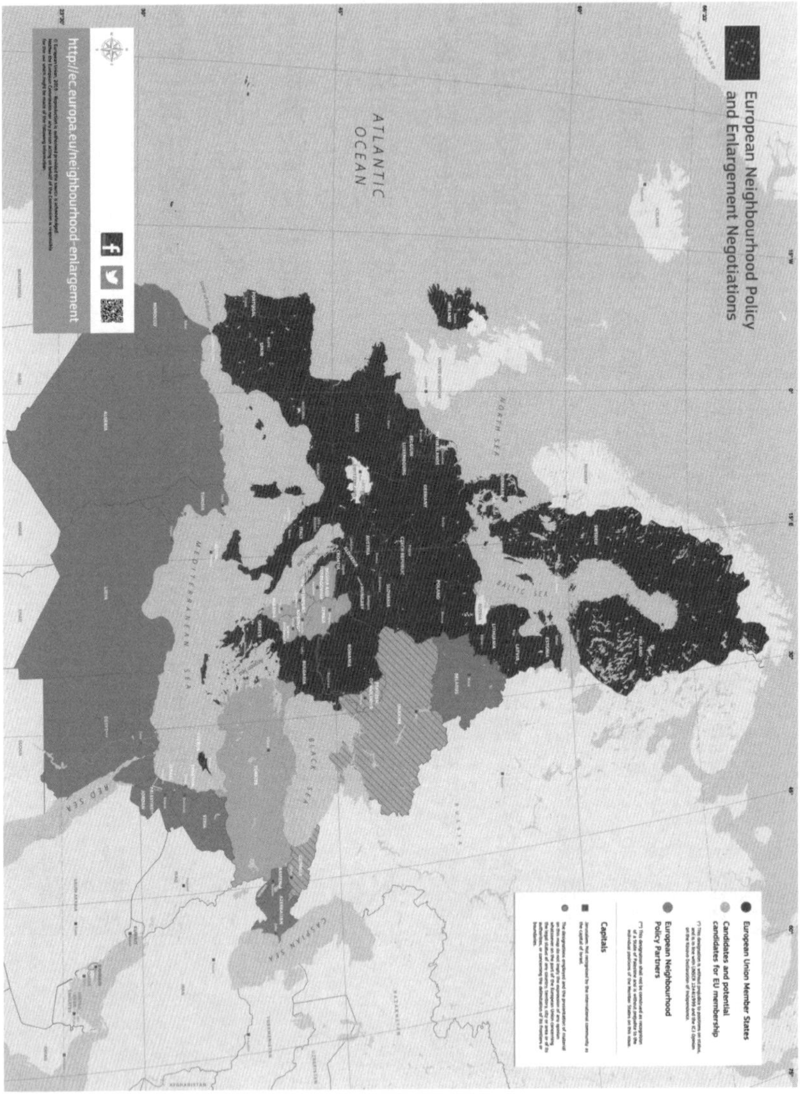

資料來源：European Union, http://ec.europa.eu/neighbourhood-enlargement

為「四項共同空間」（four Common Spaces）的框架下合作。這四點對話與歐洲睦鄰政策的行動計劃基本一致，所以得到資助歐洲睦鄰政策的歐洲睦鄰與夥伴關係機制（European Neighbourhood and Partnership Instrument）資助，四點包括：（1）共同經濟空間；（2）共同的自由、安全和司法空間；（3）對外安全的空間；以及（4）研究和教育空間（包括文化方面）。有見及此，在歐盟和俄羅斯能成功進一步磋商和制訂夥伴關係前，兩個不同的框架或「渠道」將會是最全面顧及歐盟鄰國的方式。

6.5

英國脫歐

Brexit，即英國脫歐，是一個由「Great-Britain」（英國）和「Exit」（退出）的縮寫組合而成的新名詞，指英國於二〇二〇年一月離開歐盟。直至當刻為止，都未曾有國家放棄過歐盟成員國的身份，所以英國脫歐事件釐清了成員國的退出程序和牽涉的複雜問題，為此作好準備。基於自願喪失成員國資格會影響歐盟整體政治佈局這個理解，本節將回顧英國這案例中一些基本範疇和教訓。

正式的脫歐程序可以說在二〇一六年已經開始，導火線便是英國舉行由時任首相卡梅倫（David Cameron）提議的公投。於二〇一六年六月二十三日，英國民眾被要求就保留歐盟成員國身份，還是脫離歐盟作決定。官方紀錄顯示，結果有百分之五十一點九的勉強多數（narrow majority）選民支持脫離歐盟。事後看來，支持留歐的領袖過於自信，所以讓脫歐派在六月的公投前面對數個重要的謊言，卻沒有受到質疑，而且英國的民眾一般對歐盟沒有真正的認識。有趣的是，英國的兩個分立部分（蘇格蘭和北愛爾蘭）則投票決定留歐。

儘管如此，但從歷史的角度來看，必須強調的是英國不是第一次對參與歐盟的問題感到猶豫不決。當然，從歐盟如斯一個體系正式退出的情況以往從未發生。然而，自一九五〇年代開始，當英國選擇不加入歐洲煤鋼共同體時，歐洲各大共同體與英國便初步遇上挑戰。不久之後，英國在一九五七年歐洲經濟共同體成立後，便首先拒絕加入的邀請，雖然她最終在一九七三年加入了歐洲經濟共同體，但兩年後她卻幾乎退出了。一九七五年末，英國就是否應留在歐洲共同市場（European Common Market）的問題舉行全民公投，當中支持留下的票數達百分之六十七。這個議題引發政黨分裂和重組，清晰標誌著親歐派與抱持懷疑態度的另一派別之間的分歧。一九八四年，由於英國首相戴卓爾對於英國向歐洲經濟共同體作出的預算貢獻表示不滿，所以需要重新評估英國的份額，緊張局勢因而再度升溫。一九九二年，所有歐洲代表均簽署了《馬斯垂克條約》。英國首相馬卓安（John Major）則按自己的條件批准條約：英國並不希望採用單一貨幣，也不會遵守新的社會協議。在一九九〇年代和二〇〇〇年代初，布魯塞爾對英國產物實施不同的措施，因此受到英國質疑，為此多次進行額外討論。二〇一一年，卡梅倫成為第一位否決歐盟條約的首相，目的是為保護英國的財政利益。差不多同一時間，新近成立、反對歐盟的英國獨立黨（UK Independence Party）在英國的支持度上升。二〇一五年，保守黨再次贏得國會大選，身為黨魁的卡梅倫成功連任，履行競選承諾，舉行公投，藉投票決定英國在歐盟的去留。其餘的就如以上所述，已是人盡皆知。

二〇一六年的公投結果除了引起爭議和政治動盪（全國和歐洲）外，更是歐盟歷史上一個重要的里程碑，也是一個機會去了解在歐盟法律框架下的退出程序。

自二〇〇九年《里斯本條約》通過以來，退出程序的確已被載入《歐盟條約》第五十條，因此需要按法律框架的要求執行不同的步驟，例如正式通知歐洲高峰會，以及等待高峰會的指引，就退出進行談判和達成協議。退出協議其後必須由歐盟理事會以特定大多數批准，並得到歐洲議會同意方可。所有必要方面一旦正式接納協議，所有條約將在一段時間後，或經雙方同意後不再適用。

從本質上說，過程的重心在於最終協議前的談判階段。就英國而言，其中一項典型需要為敲定整體協議，而進行磋商的次要事項便是邊界的安排。此特定議題耽誤了談判的過程，因為它提出了英格蘭與愛爾蘭邊界的微妙問題，而愛爾蘭則經投票贊成留在歐盟。關鍵在於雙方需就英國脫歐後，愛爾蘭與英格蘭的邊界會變得有多「硬」或多「軟」達成協議，同時還必須考慮到北愛爾蘭（英國）和愛爾蘭（愛爾蘭）之間的《貝爾法斯特協議》（Good Friday Agreement）。在此事解決之前，談判無法進一步敲定。

評估加入和離開歐盟的成本和利益對全球所有專家來說，都是一項乏味的工作。這很大程度上是由於各方在政治、經濟和社會動學（social dynamics）方面有許多影響和改變，要進行量化比較並不容易，更勿論質素評估。作為一個超國家機構不可或缺的部分，引發一連串的問題，我們該如何衡量一個國家作為一個超國家機構不可或缺一部分所帶來的價值呢？我們該如何解釋英國的就業機會流失，或金融中心遷移的情況？歐盟的核心與和諧所需的政治成本是甚麼？確定退出是否會減少還是會增加成本呢？與屬於皇室一部分的鄰近國家加強合作有甚麼可行的方法？整合歐洲的市場有甚麼途徑？對雙方的各種影響，我們該如平衡？

儘管英國與大部分成員國不同，沒有加入歐盟的貨幣聯盟，但英國脫歐確實對貨幣造成影響。於二〇一九年，由於需重新考慮經濟夥伴關係、貿易框架和金融市場的地理合適程度，所以已經觀察到英國貨幣貶值，表明金融穩定受損。與英國脫歐行動有關的不確定因素，更大程度上與首次有成員國脫離歐盟有關的不確定因素，的確導致經濟不穩，使外界抱持審慎態度。

其餘的影響逐漸浮現，因為這些後果是經過實證測試，所以肯定是一個更好的機會來了解歐盟的合作系統，以及當中的發展和改變。

6.6 歐盟以外的組織

直至現時為止，著作已經介紹了歐盟的必要組成部分。歐盟這個超國家組織毫無疑問在多個層面的基礎上，展示了最深層次的一體化。我們完全沒有傾向任何形式的歐洲中心主義的意思，我們只是想表達這個機構最突出的部分，以便能夠更了解歐盟，從中學習，也許歐盟不盡完美，但它仍然是歷史上同類組織中最大型的一個。況且，自歐洲共同體出現以來，國際上出現許多其他類似的合作項目，經常將具有相近利益取向和地理上鄰近的國家聚集起來。

就亞洲而言，迄今最多亞洲地區參與的便是亞洲太平洋經濟合作會議（Asia-Pacific Economic Cooperation），簡稱亞太經合會（APEC）。這是一個涵蓋環太平洋兩岸的組織。然而，亞太經合會是各國經濟體（national economies）而非各主權國家的合作論壇，在某形式上大概作為世界貿易組織（World Trade Organization）的前廳或等候室。貿易集團來說，特別值得留意的是東南亞國家聯盟

（Association of Southeast Asian Nations），簡稱東盟（ASEAN）。此聯盟由十個國家組成，包括：汶萊、柬埔寨、印度尼西亞、寮國、馬來西亞、緬甸、菲律賓、新加坡、泰國和越南，還有兩個已提出申請，正接受評估的國家，即巴布亞紐幾內亞和東帝汶。東盟於一九六七年成立，有六個始創成員國；汶萊於一九八四年加入，而其餘的成員國則在一九九〇年代後期加入。東盟的人口約五點五億，與歐洲頗為相近，而東盟也與歐盟進行適當對話。

還有值得注意的是較有歷史的南亞區域合作聯盟（South Asian Association for Regional Cooperation）和太平洋島國論壇（Pacific Islands Forum）。前者由前孟加拉國總統於一九八三年建立，是一個政治和經濟的跨國組織；後者於一九七二年成立，最初是貿易局，現由十八個成員國組成。

在另一個地區，於一九四五年成立的阿拉伯國家聯盟（League of Arab States），是現存最古老的國際組織。聯盟成立初時有七個阿拉伯地區的成員國，現增至二十二個。這合作機制旨在為討論和協調政治、經濟、文化和科學事宜提供一個論壇。很少超國家機構會以《人權憲章》（Human Rights Charter）作為始創文本，而它就是其中之一。

稍後有另外兩個重要的跨領域組織加入了阿拉伯國家聯盟，它們分別為：伊斯蘭合作組織（Organisation of Islamic Cooperation）和不結盟運動（Non-Aligned Movement）。儘管伊斯蘭合作組織有常設秘書處，而不結盟運動則沒有，但兩個多邊機構均沒有被委以與安全相關的任務。此外，有趣的是，這兩個跨大陸實體的會員國數量之多，令兩者分別成為第二和第三大的多邊體系，僅次於聯合國，但兩者都沒有整合亞洲政局（不論是融入還是直接抵制）。

同樣，朝鮮半島能源開發組織（Korean Peninsula Energy Development Organization）和伊朗相關的聯絡小組（Iran-related Contact Group）也應被提及。這兩個論壇都處理與安全相關的議題，但兩者的獨特之處在於，它們旨在進一步表現一種不對稱的方式，透過將具有不同安全議程的周邊國家組成一個更大型的陣線，以阻止及抵制某單一國家的安全政策，而在這情況下分別就是北韓和伊朗的安全政策。短暫的東南亞條約組織（Southeast Asia Treaty Organization）背後也有一個相似的原理。東南亞條約組織是一個以防禦條約為基礎的東南亞組織。在一九六〇年代的越南戰爭期間，共產主義的威脅被遏制和放緩，其後組織基本上已告解散。

二〇〇二年成立的非洲聯盟（African Union）在近年獲得顯著進展。這個非洲大陸的聯盟由五十五個國家組成，在地區間夥伴關係的領域上表現日益活躍，為現代和仍然發展中的國家間合作框架作示範。

此外，還有的是美洲國家組織（Organization of American States），因為它包含了絕大部分美洲國家，即目前五十個國家當中有三十五個都是組織的成員國。它創立了一個衍生機構，即美洲人權委員會（Inter-America Commission on Human Rights），一個將北美、中美與南美之間的差距縮小的區域性司法管轄機構。

最後，由於多邊及區域性組織的出現，新的結構也應運而生，而那些所謂的「區域間」合作計劃均涉及兩個或多個大陸。它們可藉聯合兩個或多個大陸地區的形式，或在超國家組織（例如歐盟）與地區部分（例如東盟、中國）之間建立戰略性夥伴關係。

以上各點都表明，標準的多邊體系已被獨特的多層治理框架取代，以便更有效適應現今全球一體化的時代，同時也是為了實現建立經濟上有利合作、管理衝突和促進和平的首要目標。事實上，除了理性的選擇和以增長為導向的觀點之外，此等新的區域性或區域間的組織也反映了政治理想、共同價值觀或觀念，以及生活方式。

結論

為論文作結，作者選擇在最後一章對探討的內容進行反思，最後為背後的研究問題作出解答。

歐洲聯盟成立的前提是為了避免在歐洲的土地上發生任何軍事衝突[28]和以經濟為由進行合作，而在成立將近一個世紀後，這些目標，或是抱負，都可以說是已經實現。當歐洲從以前一個在工業、知識和政治方面都表現超凡的地區，淪為與全球無關的邊緣地帶時，

28　最明顯而又最遺憾的例子是目前烏克蘭與俄羅斯的衝突。

建立一個共同的歐洲願景，對於讓歐洲重拾昔日光景最為重要。唯有共同努力付出，方可擺脫第二次世界大戰留下的災害，為持續和平及經濟繁榮的將來奠立良好的基礎。最初歐盟的前身，以及後來歐盟本身均在不同的層面激起了歐洲間的合作。透過推動合作，各國建立了相互依存的關係，同時為彼此帶來重大裨益，減少了可能發生戰爭的機會。事實上，歐洲在過去五十年間鮮有爆發嚴重的暴力事件，或至少事件很快就被平息。

隨著東擴，「歐盟十五國」進一步融合前共產主義的國家，形成一個由歷史文化背景都截然不同的國家組成的超國家機構，這個發展在大約二十年前乃是難以想像。

就歐盟的經濟影響而言，移除貿易壁壘，以及建立單一共同市場和單一共同貨幣，無可否認，這是消除了先前的經濟福利障礙，例如嚴重的通脹、價格不透明和高交易成本。此外，單一歐洲市場內競爭加劇，趕走了營運不佳的公司，因而擴大了貨品及服務的供應，並且降低了價格。結果，國家的整體福利大幅增加。這意味著歐盟公民受惠於市場的積極發展，因為在歐盟法律允許的清晰條款下，他們有機會以具競爭力的價錢，獲得種類更廣的產品和服務。

歐盟透過將各歐洲國家合併成為一個與國家政府不同，有相當大政治權力的政府架構，讓每個成員國都有塑造世界政局的機會。這不會因為歐盟可能包括該等主權受限制的國家，而變得不真實。只有一同發聲，歐洲才可讓世界聽見其聲音和捍衛其利益。歐盟也是一個重大的機會，讓成員國充分利用全球一體化，克服伴隨此現象而生的問題。這對於中小型的國家來說尤為適用，因為對此等國家而言，不結盟將意味著受到這些力量支配，而沒有能力改變。因此，加入歐盟在當中行動，自然是影響他人和捍衛人民福祉的能力盡量提高的途徑。

在談到歐盟為成員國帶來的各種附加價值後，由不同語言、文化和經濟體組成的歐盟雖然色彩斑斕、美麗如圖，但顯然不是一件能用常理理解的藝術品。當大眾被問及出身自何處時，大多數人都會回答其位於歐盟內的祖國，很少會提及歐盟本身。有人認為，這是因為雖然各國擁有共同歷史，但這是一個相互交戰、摧毀邊界、結盟、背叛、驅逐小眾，甚至建立自己教會的過程。

作者完全相信，這是歐洲為何可能永遠無法視自己為一個國家，其中一個最能引起共鳴的原因。只要歐洲公民將歐洲的多樣性視為威脅，而非當中蘊含的豐富多元，那麼對歐盟進一步深層發展的阻礙，將會一直存在。

然而，在二十一世紀發生的變化，可能比以往任何時候都要快，尤其在科技方面。現今，年輕一代能夠掌握各個數碼化範疇，以前所未有的速度拓展，弄得老一輩不知所措。此外，他們還可與世界其他地方進行交流，不認為自己的生活受到國界或超國家邊界所限。舊有對邊界的觀點在現時和未來都會變得更靈活，而歐洲也應起帶頭作用，儘管這需要一點時間。

至於這份論文背後的研究問題，即歐盟能夠對世界政局產生正面影響的程度，以及歐盟境內居民的生活水平能夠提升的幅度，作者得出共同結論，就是儘管政治潛力主要因為欠缺《歐盟憲法》[29]

而尚未完全發揮，但歐盟已經產生相當大的政治影響力。然而，作者認為，歐盟一旦批准一部共同的憲法，它透過變革力量而獲賦予的潛力肯定可以更容易實現。歷史的教導是，歐盟的架構越大，特別是當層次越深時，歐盟便會有越強的影響力。由於進一步大規模擴展，對目前來說，似乎不太可能，所以一旦成功進行更深層次的縱向一體化，歐盟很可能只專注於行使權力，塑造一個更美好的世界。

最後，我們要知道，歐盟不能被界定為一個僅是為推行經濟和社會一體化的體制工具。事實上，歐盟遠超於此，因為它的發展已超出原意，並已成為一種生活方式（modus vivendi），一種讓每個歐盟公民都享有實質權利的生活藝術。因此歐盟不只促成了一體化的進程，還促進了歐洲大陸的和平與理解。歐盟實際上並不是重建二戰後的歐洲，而是由零開始重新塑造歐洲。成果顯然證明了過去的所有共同努力都是正確的，而每一次的危機，不論是經濟還是政治，對內還是對外，歐盟採取的應對方針都有加強作用，使歐盟在世界舞台上的地位更鞏固。這當使該等這些日子以來批評歐盟欠缺效率或民主的人最終沒話說。歐洲無疑在通往光明未來的道路上仍有很大的參與程度，事實上，充滿挑戰的二十一世紀，絕對需要一個強大的歐洲在世界舞台上發揮作用。

---

29 值得注意的是，雖然憲法草案尚未獲得一致通過，但一部可稱為「實際上」（de facto）的憲法確實存在，因為那是由《里斯本條約》正式頒布的。

參考文獻

書籍、文章及其他官方讀物的參考書目

Anon (2015) Enlargement of the European Union. Luxembourg: Publications Office.

Aspinwall, M. (2002). Preferring Europe: Ideology and National Preferences on European Integration, European Union Politics (EUP), 3 (1), pp. 81-111

Bailoni, M. (2017). Comprendre le vote pour le Brexit : de l'utilité d'une analyse territoriale, Hérodote, 1, pp. 43-64

Balzacq, T. (2007). La politique européenne de voisinage, un complexe de sécurité à géométrie variable. Cultures & Conflits, 66.

Bergamann, J., Niemann, A., (2015) Theories of European integration in: "The Handbook of European Foreign Policy" by Jorgensen and al., pp. 166-182

European Central Bank (2006). The European Central Bank. The Euro System. The European System of Central Banks

Gaspar V., Masuch K., and Pill H. (2001): “The ECB’s monetary policy strategy: responding to the challenges of the early years of EMU”, paper presented at the conference “The functioning of EMU: the challenge of the early years”, organised by the Directorate General Economic and Financial Affairs of the European Commission

Hestermeyer, H. (2016). How Brexit will happen: A Brief Primer on European Union Law and Constitutional Law Questions Raised by Brexit. Journal of International Arbitration, 33 (7), pp.429-450

Holland, M. (1994). European Integration: From Community to Union. Pinter Publishers

Jones, Robert A. (1996). The Politics and Economics of the European Union: An Introductory Text. Edward Elgar Publishing

Lechner K., Egger A., Schauer R. (2005). Einführung in die allgemeine Betriebswirtschaftslehre (22. Auflage). Wien: Linde Verlag.

Leonard M. (2005). Why Europe Will Run The XXI Century. Fourth

Estate

Mongnelli F.P. (2008). European Economic And Monetary Integration And The Optimum Currency Theory. In: Economic Papers; 302, pp. 1-58

Mourlon-Druol, E. (2018). L'impact économique et financier du Brexit. Politique étrangère, 2018 (4), pp.23-33

Oliver, T. (2018) "Understanding Brexit: A concise Introduction". Policy Press: Bristol.

Peterson and Shackleton (2006). The Institutions of the European Union (New European Union). Oxford University Press

Prasad, E. (2019). Has the dollar lost ground as the dominant international currency. NBER Working Paper, forthcoming.

Rego, F.O. (2015) Did we get it wrong? The true meaning of European federalism, European View, 14, pp. 85-92

Schiefer, M. (1997). Grundkurs "Europäische Union". Europazentrum Graz

Schweiger, C. (2014). Poland, Variable Geometry and the Enlarged

European Union. Europe-Asia studies, 66 (3), pp.394-420

Sojka, A. (2019). Who Wants a United Europe? Interests, Identities, and the Prospects for Future European Union Enlargement in: Contestation of EU Enlargement and European Neighbourhood Policy by Gora et Al., Copenhagen, pp. 79-104

Swann D. (1996). European Economic Integration. The Common Market, European Union and Beyond. Cheltenham, UK and Brookfield, USA. Edward Elgar

Telo, M. (2020). Regional organizations and inter-regional relations: competitive models or a bottom-up change of multilateral global governance? Belgeo, 4.

Wyplosz C. (1994). The EMS Crisis. Please Save The Maastricht Treaty! in: The ECU for European Business, no 15 (February).

網上資料來源

CNN (2001). Three protesters shot at EU summit. Accessed on 30 December 2008 on https://edition.cnn.com/2001/WORLD/

europe/06/15/eu.protests02/

EurActiv Network (2008). The European Neighbourhood Policy (ENP). Accessed on 17 December 2008 on https://web.archive.org/web/20081223232346/http://www.euractiv.com/en/enlargement/european-neighbourhood-policy-enp/article-129625

EUROPA (Portal of the European institutions). European Union institutions and other bodies. Accessed on 17 December 2008 on https://web.archive.org/web/20081209070400/http://europa.eu/institutions/inst/comm/index_en.htm

EUROPA (Portal of the European institutions). The history of the European Union. Accessed on 1 November 2008 on http://europa.eu/abc/history/index_en.htm

EUROPA (Portal of the European institutions). The history of the European Union. Accessed on 17 December 2008 on http://europa.eu/scadplus/glossary/accession_criteria_copenhague_en.htm

European Commission (2008). European Neighbourhood Policy. Accessed on 12 December 2008 on https://web.archive.org/

web/20081110131441/http://europa.eu/abc/history/index_en.htm
European Commission External Relations (2008). European Neighbourhood Policy. Accessed on 30 December 2008 on https://web.archive.org/web/20081218112428/http://ec.europa.eu/external_relations/russia/index_en.htm
European Investment Bank (2008). About the European Investment Bank. Access on 29 December 2008 on http://www.eib.org/about/index.htm
European Parliament UK Office (2004). History of the EU. Accessed on 1 November 2018 on http://www.europarl.org.uk/EU/EUhistoryprincip.htm
History Stories (2019). The History Behind Brexit. Accessed on 28 November 2021 on https://www.history.com/news/the-history-behind-brexit
Leibniz Institute for the Social Sciences. Flash Eurobarometer 257. Accessed on 06 December 2021 on https://search.gesis.org/research_data/ZA4984

Rodrik, D. (2007). The inescapable trilemma of the world economy. Accessed on 20 November 2008 on http://rodrik.typepad.com/dani_rodriks_weblog/2007/06/the-inescapable.html

Statista. Europol Staff Statistics. Accessed on 10 December 2021 on https://web.archive.org/web/20220124094502/https://www.statista.com/statistics/1178667/europol-staff-levels/

【圖十四】歐洲理事會（詳細）

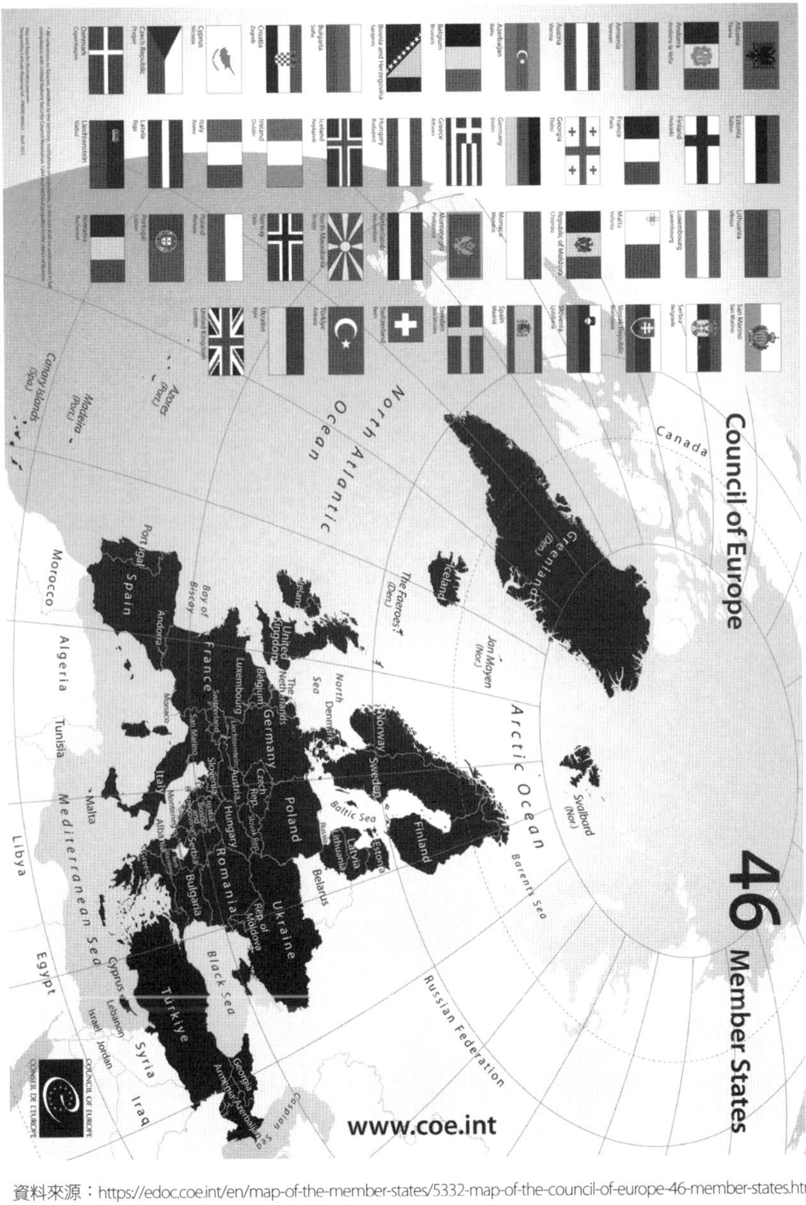

資料來源：https://edoc.coe.int/en/map-of-the-member-states/5332-map-of-the-council-of-europe-46-member-states.html

【圖十五】歐洲經濟區及歐盟成員國

European Union (EU-28), EFTA countries, candidate countries and potential candidates

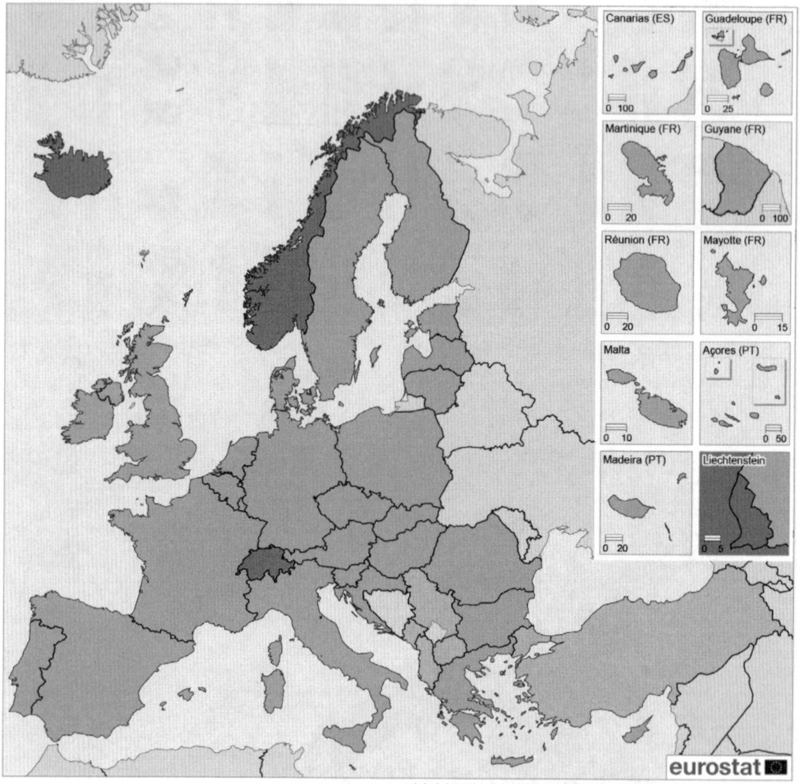

Administrative boundaries: © EuroGeographics © UN-FAO © Turkstat
Cartography: Eurostat - GISCO, 03/2018

- Member States of the European Union (EU-28)
- EFTA countries
- Candidate countries
- Potential candidates

0 200 400 600 800 km

Note: The designation of Kosovo is without prejudice to positions on status, and is in line with UNSCR 1244/1999 and the ICJ Opinion on the Kosovo Declaration of Independence.

資料來源：https://www.eda.admin.ch/europa/en/home/europaeische-union/erweiterungsprozess/mitgliedstaaten.html

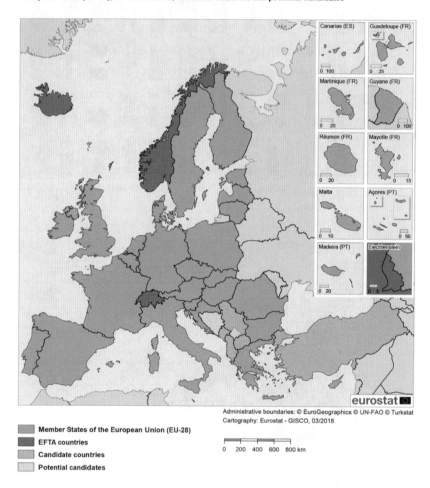

【國十六】十七世紀西伐利亞的歐洲

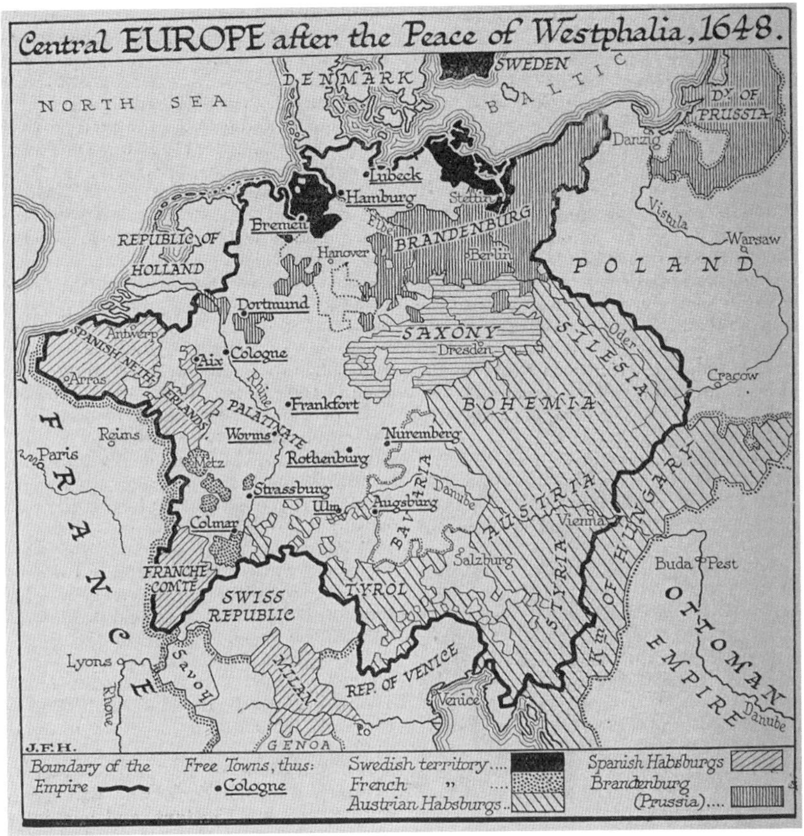

資料來源：J. F. Horrabin (Illustrator), Public domain, via Wikimedia Commons https://upload.wikimedia.org/wikipedia/commons/d/d3/Central_Europe_after_the_Peace_of_Westphalia%2C_1648%2C_H._G._Wells%27_Outline_of_History%2C_page_414.jpg

【圖十七】拿破崙時期的歐洲

資料來源：Heinrich Theodor Menke, Public domain, via Wikimedia Commons

【圖十八】維也納會議，十九世紀的歐洲

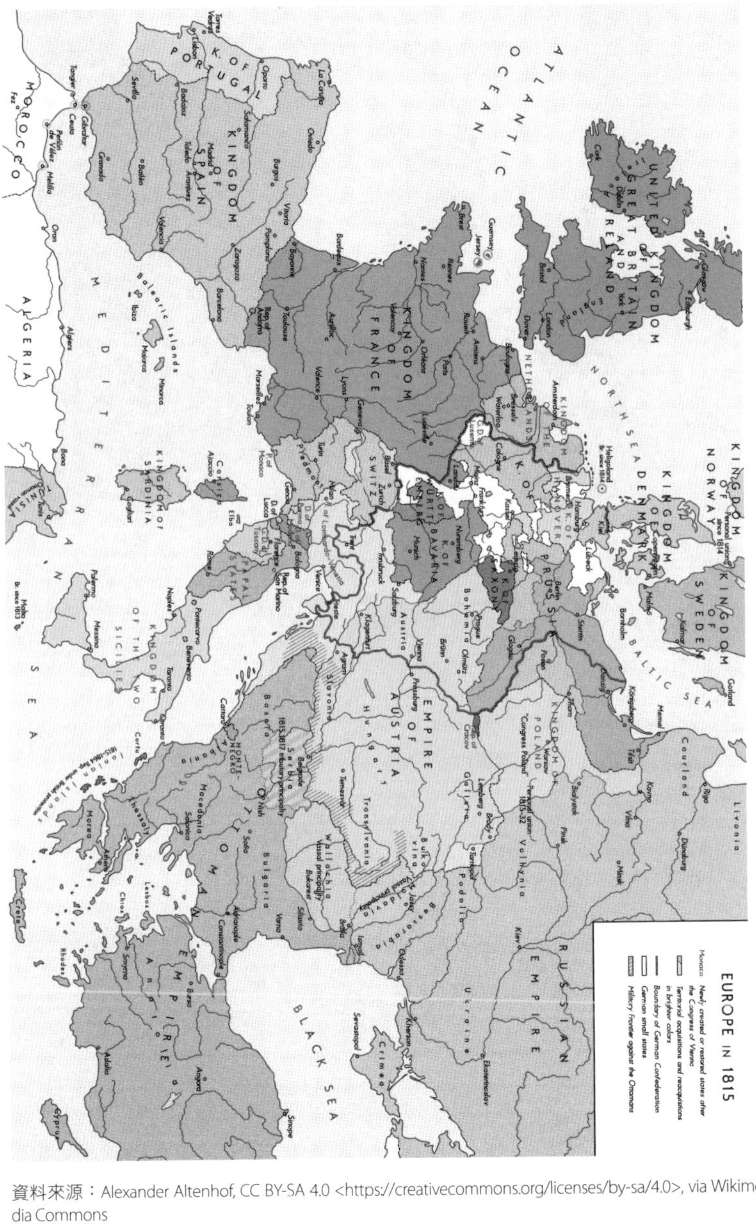

資料來源：Alexander Altenhof, CC BY-SA 4.0 <https://creativecommons.org/licenses/by-sa/4.0>, via Wikimedia Commons

【圖十九】一九四〇年第二次世界大戰開始時的歐洲

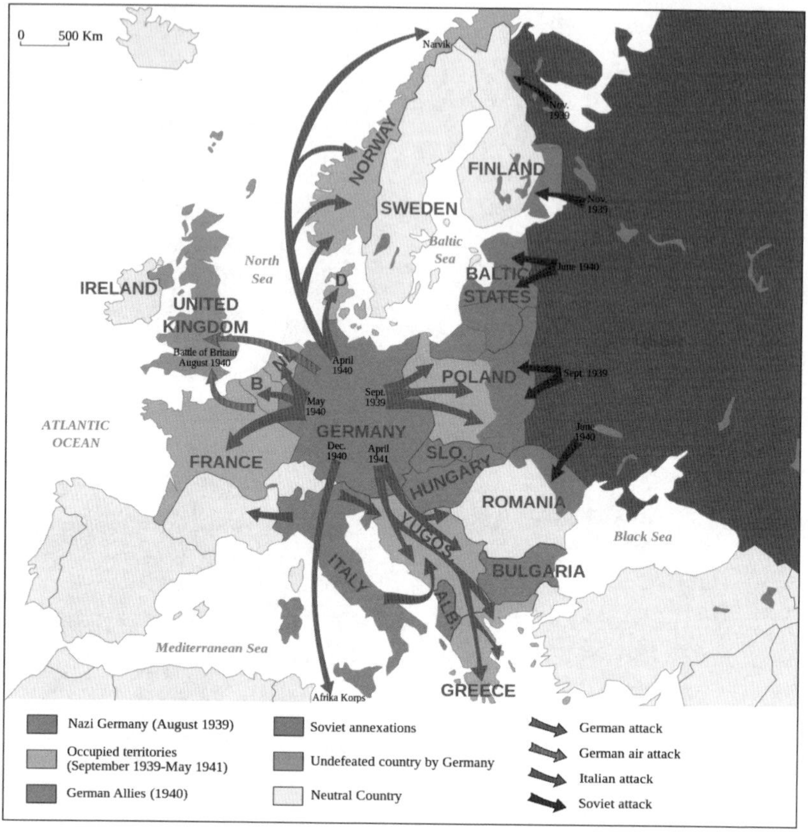

資料來源：User:Historicair 23:41, 29 July 2007 (UTC) - Translated to English by User:Arsene842, CC BY-SA 3.0 <https://creativecommons.org/licenses/by-sa/3.0>, via Wikimedia Commons

【圖二十】一九四五年的歐洲地區

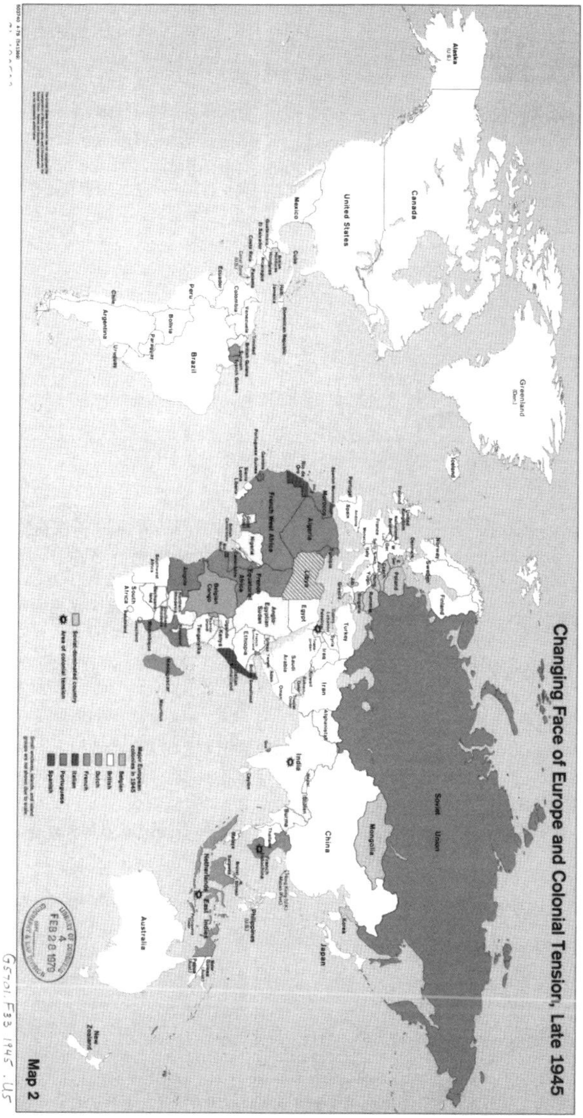

資料來源：United States Central Intelligence Agency. (1945) Changing face of Europe and colonial tension, late. [Washington, D.C.: Central Intelligence Agency] [Map] Retrieved from the Library of Congress, https://www.loc.gov/item/81690522/.

1841
一八四一

想像歐盟
重新回到世界中心

作　　者　Anis H. Bajrektarevic, Nora Wolf, 尹子軒
譯　　者　謝芷婷
責任編輯　柴宇瀚
文字校對　何秋怡
封面設計　虎稿．薛偉成
內文排版　王氏研創藝術有限公司
出　　版　一八四一出版有限公司
印　　刷　博客斯彩藝有限公司

2024年1月　初版一刷
定價 420
ISBN　978-626-97372-7-7

一·八·四·一

社　　長　沈旭暉
總 編 輯　孔德維
出版策劃　一八四一出版有限公司
地　　址　臺北市大同區民生西路404號3樓
發　　行　遠足文化事業股份有限公司
（讀書共和國出版集團）
郵撥帳號　19504465 遠足文化事業股份有限公司
電子信箱　enquiry@1841.co
法律顧問　華洋法律事務所 蘇文生律師

想像歐盟：重新回到世界中心 / Anis H. Bajrektarevic, Nora Wolf, 尹子軒作；謝芷婷譯. – 初版. – 臺北市：一八四一出版有限公司出版：遠足文化事業股份有限公司發行, 2024.1

面；　公分

譯自：Genesis, Institutions, and Instruments of the European Union

ISBN 978-626-97372-7-7(平裝)

1.CST: 歐洲聯盟 2.CST: 歷史

578.1642　　　　112017963

Printed in Taiwan ｜ 著作權所有侵犯必究
如有缺頁、破損，請寄回更換

特別聲明

有關本書中的言論內容，不代表本公司／出版集團的立場及意見，由作者自行承擔文責